도서출판 대장간은
쇠를 달구어 연장을 만들듯이
생각을 다듬어 기독교 가치관을
바르게 세우는 곳입니다.

대장간이란 이름에는
사라져가는 복음의 능력을 되살리고,
낡은 것을 새롭게 풀무질하며, 잘못된 것을
바로 세우겠다는 의지가 담겨져 있습니다.

www.daejanggan.org

목사란 무엇인가?

 이 책은 기독연구원 느헤미야에서 〈쿼바디스에 신학이 답하다〉라는
주제로 개최한 연중 포럼을 정리한 것입니다.

03 목사란 무엇인가?

지은이   조석민 김근주 김동춘 배덕만 김애희
초판발행   2015년 7월 14일

펴낸이   배용하
책임편집   박민서
등록   제364-2008-000013호
펴낸 곳   도서출판 대장간
              www.daejanggan.org
등록한 곳   대전광역시 동구 우암로 75-21 (삼성동)
편집부   전화 (042) 673-7424
영업부   전화 (042) 673-7424   전송 (042) 623-1424

분류   신학 | 목회
ISBN   978-89-7071-352-6   부가번호 03230
가격   7,000원

이책은 저작권의 보호를 받습니다.
기록된 형태의 허락 없는 무단 전재와 복제를 금합니다.

목사란 무엇인가?

머리말

2014년 김재환 감독의 영화「쿼바디스」는 오늘날 한국개신교가 직면하고 있는 문제들이 무엇인지 확인시켜 주었다. 더욱이 한국개신교 안에 다양한 문제들의 중심에 "목사"가 직간접적으로 깊이 관련되어 있다는 것을 부인하기 어렵다. 이런 문제를 '사제주의司祭主義'나 '성직주의聖職主義'라고 부를 수 있을 것이다.

기독연구원 느헤미야는「쿼바디스」에서 제기한 문제에 깊이 공감하며 〈쿼바디스에 신학이 답하다〉라는 주제로 연중 포럼을 계획하여 그 첫째 주제로 '목사란 무엇인가?'를 선정하여 진행하였다. 영화에서 제기하는 성직주의는 주로 목회자 집단과 연관되어 있기 때문이다. 오늘날 한국개신교는 목회자를 가리켜 성직자라고 하며, 그에 따른 온갖 권력과 권세를 통해 참담한 양상을 교회와 사회에 쏟아 내고 있는 현실이다.

〈쿼바디스에 신학이 답하다〉라는 주제로 연중 포럼을 계획할 수 있었던 것은「쿼바디스」의 김재환 감독과 기독연구원 느헤미야가 한국개신교의 문제를 인식하는 공감대가 이루어졌기 때문이다. 김재환 감독은 이 포럼을 재정적으로 적극 후원하였고, 느헤미야는 이 일을 책임 맡아 진행하면서 이 문제에 공감하는 교회개혁실천연대 및 뉴스앤조이와 공동으로 이 포럼을 진행하고 있다.

이제 첫째 포럼 '목사란 무엇인가?'에서 발표한 네 편의 글, "신약성서가 가르치는 목사의 불편한 진실"조석민, "거룩한 삶으로의 부르심"김근주, "오늘의 목사직, 어디로 가고 있는가?"김동춘, 역사적인 측면에서 사제주의와 관련된 글, "루터, 왜 만인사제주의를 말했나?"배덕만와 "교회 분쟁, 그 중심에 사제주의가 있다"김애희를 함께 엮어 세상에 내어놓는다. 바라기는 이 작은 책이 「쿼바디스」에 신학이 답하는 단초가 되기를 기대한다.

기독연구원 느헤미야

차례

머리말	7
1. 신약성서가 가르치는 목사의 불편한 진실 _ 조석민	11
2. 거룩한 삶으로의 부르심 _ 김근주	33
3. 오늘의 목사직, 어디로 가고 있는가? _ 김동춘	65
4. 루터, 왜 만인사제주의를 말했나? _ 배덕만	93
5. 교회 분쟁, 그 중심에 사제주의가 있다 _ 김애희	107

1장
신약성서가 가르치는 목사의 불편한 진실

조석민

신약성서가 가르치는 목사의 불편한 진실

조석민

들어가는 말

지난해 2014년 김재환 감독의 영화 「쿼바디스」라는 영화를 본 사람들이라면 오늘날 한국 개신교회가 직면하고 있는 문제들이 무엇인지 쉽게 확인할 수 있었을 것이다. 그 영화에서 지적했듯이 오늘날의 개신교회 안에 다양한 문제들이 산재해 있지만 그 문제들의 핵심에는 "목사"가 직간접적으로 깊이 관련되어 있다는 것을 부인하기 어렵다. 이 글에서 "목사"(pastor)는 "목회자"(minister)와 동일한 개념으로 필요에 따라 상호 교환적으로 사용할 것이다. 나중에 보다 구체적으로 정의하겠지만 글을 진행하기 위하여 우선적으로 "목사"를 간략하게 정의하면 목사는 지역 교회에서 신자들을 하나님의 말씀으로 가르쳐서 양육하는 데 책임을 맡은 사람이다.[1] 이 글의 목

---

1) 신약성서에서 "목사"가 명시적으로 등장하는 한글성경은 에베소서 4:11이 유일하며, 여기에 사용된 헬라어 명사는 '포이멘'($ποιμήν$ '목자')으로 양들을 돌보는 목자를 뜻하고, 본문에서는 복수로 사용되었다(참조. BDAG, p. 843). 신약성서에서 목사는 "감독"(episcopacy, bishop, overseer, 참조. 딤전 3:1; 딛 1:7)으로, 또는 장로(presbyter, 참조. 벧전 5:1-5)로 부르기도 한다. 이 글에서 우선적으로 정의한 "목사" 또는 "목사"와 동등한 일을 하는 사람으로 강도사, 전도사, 장로, 집사, 등으로 교회의 여러 가지 직분을 생각할 수 있지만, 이런 사람들을 논의에서 배제하려는 의도는 아니다. 하지만, 논의의 초점을 분명히 하기 위하여 "목사"로 제한한 것이다. 성

적은 한국 개신교회에서 사역하고 있는 "목사"의 정체성을 신약성서의 가르침을 통하여 간략하게 살펴보고 실제적인 교훈을 얻으려는 것이다.

신약성서가 제시하고 있는 목사의 참된 모습은 무엇이며, 그 정체성은 무엇인가? 목사의 자격 조건은 무엇이며, 그들의 사역은 무엇인가? 이런 질문들에 적절한 답변을 제시하기 위하여 첫째, 목사에 대하여 신약성서가 가르치는 언어적 정의를 확인해 볼 것이다. 둘째, 목사의 자격은 무엇인지 살펴볼 것이다.[2] 셋째, 목사의 사역은 무엇인지 고찰할 것이다. 이 글에서 목사에 대한 목회학적 고찰보다는 신약성서가 말하고 있는 성서적 의미를 살펴 볼 것이다. 이 소고(小考)에서 목사의 정체성과 관련하여 신약성서에 나타나는 목사의 모습을 살펴보면 오늘날 목사의 직분을 가진 자가 심히 불편함을 느낄 수도 있을 것이다. 하지만, 그 불편함이 하나님의 말씀인 신약성서가 가르치는 진실이라면 생명을 걸고 그 진리를 붙들어야 할 것이다.

이 글에서 미리 밝혀두어야 할 것은 신약성서에서 오늘날의 다양한 목회적 상황을 고려할 때 직접적으로 목사에 대한 교훈을 찾기가 쉽지 않다는 점이다. 그러므로 목사의 자질과 관련된 부분을 신약성서가 가르치는 대로 다루면서 동시에 당시 사도들의 모습 속에서도 오늘날 목사의 문제를 간접적으로 살펴보며 실천적 교훈을 찾아볼 것이다. 하지만, 분명히 해야 할 것은 오늘날의 목사가 당시 사도와 동일한 신분은 아니라는 사실이다. 하지만, 당시 사도들이 지역 교회 공동체를 순회하면서 교인들을 양육하였던 상황을 고려하면 오늘날 목사의 목회 상황과 연결될 수 있을 것이다. 이

공회의 경우는 같은 개신교이지만 "목사"라는 호칭을 사용하지 않으면서 목사와 동일한 일을 하고 있다.

[2] 신약성서에서 '목사란 무엇인가?'라는 질문에 앞서 목사의 소명을 다루는 것이 필요하지만 지면관계상 그리고 본 주제와 성격이 조금 달라서 이 소고에서는 다루지 않을 것이다. 하지만, 목사의 소명은 목사의 정체성과 관련하여 한 번쯤 다루어져야 할 주제이다. 구약성서의 선지자들은 하나님께서 그들을 직접 부르시고 그들에게 일을 맡기셨다(참조. 렘 1:4-10; 사 6:1-13; 암 1:1-2). 하지만, 오늘날 목사들에게 소명을 주실 때 하나님께서 구약성서의 선지자들을 부르신 것처럼 소명을 주시지는 않는다. 그러므로 목사의 소명을 확인하기 위하여 지역 교회 공동체에서 목사가 될 사람의 자질을 살펴서 필요한 훈련을 신학교에서 받게 하고, 그 과정이 끝나면 노회(지방회, 연회)에서 목사의 직책을 맡길 수 있는지 확인한 후, 안수하여 목사로 세우는 것이다.

런 점에서 신약성서가 가르치는 사도의 모습, 특히 바울 사도의 모습에서도 오늘날 목사가 무엇인지 그 정체성에 대하여 교훈을 얻고자 한다.

1. 목사의 정의(定義)

목사란 무엇인가? 우리가 교회 안에서 흔히 사용하고 있는 "목사"를 의미하는 헬라어 단어는 한글 번역 신약성서에서 "감독"('에피스코포스', ἐπίσκοπος 딤전 3:2)", "장로"('프레스뷰테로스', πρεσβύτερος 딛 1:5), "목사"('포이멘', ποιμήν, 엡 4:11), 등으로 다양하게 번역되었다. 영어 번역 성서에서 "목사"는 "pastor"로, "장로"는 "elder"또는 "presbyter"로, "감독"은 "episcopacy"또는 "bishop"그리고 "overseer", 등으로 나타난다. 하지만, 이런 다양한 호칭은 모두 교회를 돌보며 다스리는 일을 맡은 사람을 의미하는 것으로 신약성서는 이 호칭을 자세히 구분하여 사용하지 않는다.[3]

신약성서에서 사용되고 있는 감독과 장로란 호칭은 동일한 직분의 다른 이름처럼 보인다. 예를 들면, 디도서 1장에서 "장로"와 "감독"이 서로 교환적으로 사용되고 있음을 5절, "내가 너를 그레데에 남겨 둔 이유는 남은 일을 정리하고 내가 명한 대로 각 성에 장로들('프레스뷰테로스', πρεσβυτέρους)을 세우게 하려 함이니"와 7절의 "감독('에피스코포스', ἐπίσκοπος)은 하나님의 청지기로서 책망할 것이 없고 제 고집대로 하지 아니하며 급히 분내지 아니하며 술을 즐기지 아니하며 구타하지 아니하며 더러운 이득을 탐하지 아니하며"에서 확인할 수 있다.[4] 하지만, 디도서 1:5에서 "장로"를 언급했지만, 7절에서 이 호칭이 "감독"으로 바뀐 것은 장로와 감독의 직분이 서로 다른 직무가 아

---

[3] 장로에 대하여 자세한 논의는 필자의 글, 조석민, 『교회직제론』, (서울: 예영커뮤니케이션, 2012), 43-71을 보라. E.E. Ellis, *Pauline Theology: Ministry and Society* (Grand Rapids: Eerdmand, 1989), 102-103을 참조하라.

[4] 이 글에서 신약성서는 개역개정을 사용한다. 하지만, 필요에 따라 다른 번역본을 사용할 경우 그 출처를 밝힐 것이다.

니라, 동일한 직무임을 암시하는 것일 수 있다. 장로와 감독의 직분을 표현한 헬라어 단어에서 감정적으로 느껴지는 차이가 있는 것은 사실이다. 하지만, 이런 차이는 시간이 지남에 따라 교회 역사 속에서 감독이란 직분이 장로들을 지도하는 또 다른 직책으로 이해하게 된 배경을 먼저 알아야 한다.[5]

이와 같은 실례를 한국 장로교에서 어느 정도 확인할 수 있다. 한국 장로교에서는 목사와 장로는 동일한 직분이면서도 직무상 차이가 있는 것으로 이해하고 있다. 그 차이는 목사의 직무가 가르치는 일을 맡은 사람으로 설교와 성례 즉, 세례와 성찬을 직접 인도하는 일을 담당하는 반면, 장로는 교회에서 목사와 함께 장로로 활동하지만 설교와 성례를 직접 인도하지 않고 교회 행정과 성도들을 권면하고 징계하는 일을 목사와 함께 담당할 뿐이다. 하지만, 장로교는 목사와 장로를 모두 동일한 장로로 부르며, 본질적으로 자격에 차이가 없는 것으로 이해하기도 한다. 다만 목사가 장로와는 달리 말씀과 가르치는 일에 수고하는 은사가 있기에 목사를 '가르치는 장로'라고 한다. 이와 달리 장로는 '다스리는 장로' 즉, '치리장로'로 구별한다. 칼빈은 장로교의 이런 모습을 장로의 이중직제로 이해했다. 한국 장로교는 대부분 장로와 목사에 대하여 이와 같은 이해를 갖고 있으며, 치리장로의 중요한 직무가 가르치는 장로인 목사와 협력하여 한 지역 교회의 치리 업무를 함께 맡은 것으로 이해한다.

디모데전서 3:1에서 "감독"은 '에피스코포스'($\epsilon\pi\iota\sigma\kappa o\pi o\varsigma$)라는 헬라어로 교회를 지도하고 감독하는 역할을 맡은 사람이다. 이 서신보다 늦은 연대인 1세기 말에 보다 체계적이고 조직화된 형태의 감독과 장로의 직책이 확립되지만, 이 서신에서는 두 직분의 차이가 그렇게 명확하지 않다. 이 후에 논의 될 것이지만 이 서신에서 감독의 직

---

[5] 신약성서 밖에서 '프레스뷰테로스'($\pi\rho\epsilon\sigma\beta\upsilon\tau\epsilon\rho o\varsigma$, '장로')의 사용과 그 의미에 대해서는 B.L. Merkle, *The Elder and Overseer: One Office in the Early Church* (New York: Peter Lang, 2003), 30-43을 보라. 교부시대 이후 교회(postapostolic Church)의 감독과 장로에 대한 논의에 대하여 W.D. Mounce, *Pastoral Epistles* (WBC 46, Nashville: Thomas Nelson, 2000), 186-92를 참조하라.

무에 장로들을 지휘하거나 감독하는 일이 언급되지 않았기 때문에 두 직분 사이에서 차이를 발견하기란 쉽지 않다.[6] 바울은 빌립보 교회에 있는 감독에게 문안하였다(빌 1:1). 바울은 에베소 교회의 지도자들을 불러 모아놓고 이야기 한 기록에서 이들을 "교회의 장로들"(투스 프레스뷰테루스 테스 에클레시아스, τοὺς πρεσβυτέρους τῆς ἐκκλησίας)이라고 부른다(행 20:17).

요약하면, 신약성서에서 오늘날의 목사는 "감독", "장로", "목사"로 불렸고 각각의 호칭에 따른 직분 상의 구별이 명확하지 않았던 것을 알 수 있다. 이런 점에서 신약성서에서 오늘날의 목사의 직분은 당시 교회적 상황에 따라 "감독", "장로", "목사"로 불렸던 사람을 의미하는 것이라고 이해할 수 있다.[7] 신약성서의 이런 가르침을 알고 있다면 오늘날 목사가 자신을 제사장이라고 가르치거나, 레위 족속이라고 소개하는 것은 성서를 모르는 무지를 넘어 일반신자들을 속이는 일이 된다. 더욱이 오늘날 목사의 직분을 사도라고 가르치며 목사를 사도와 동일시하는 것도 매우 잘못된 일이다. 오늘날의 목사는 제사장도, 레위 족속도, 사도도 아니다.

2. 목사의 자격은 무엇인가?

오늘날의 목사에 해당하는 감독 및 장로의 자격에 대해서 신약성서는 분명한 기준을 제시하고 있다. 물론 이 기준은 당시 사회 문화적 배경 속에서 주어진 것이다.

---

6) 빌 1:1에서 바울이 모든 성도와 감독들과 집사들에게 문안 할 때 장로에 대한 언급은 없다. 아마도 이것은 이 서신을 기록할 당시 장로와 감독이 거의 동의어로 쓰였거나 두 직책 사이에 명확한 구분이 없었기 때문이라고 생각할 수 있다. 그렇다면 당시에 장로들 중에 감독하는 직무를 맡은 사람을 감독으로 불렀을 가능성이 있다. 그렇다면 모든 감독들은 장로였으나 모든 장로가 감독은 아니었을 것이다. P.T. O'Brien, *The Epistle to the Philippians: A Commentary on the Greek Text, NIGTC.* (Grand Rapids: Eerdmans, 1991), 43-50을 참조하라.

7) 이 후에 이 글에서 사용하는 목사는 곧 감독, 장로, 목사, 등 세 가지 직책으로 각각 불리는 사람을 모두 의미한다.

하지만, 당시의 기준은 현재에도 대부분 매우 적절하며 수용할 만하다. 오늘날처럼 다양한 문화와 새로운 경제 상황과 윤리 도덕적 환경 속에서 목사의 자격은 더욱 엄격하게 기준을 세울 필요가 있을 것으로 생각한다. 신약성서에서 목사는 신자들을 다스리고 인도하며, 돌보고, 목자가 양들을 돌보듯이 목양하며, 진리를 수호할 뿐 아니라 목회 사역을 전반적으로 책임 맡은 사람이다. 참조. 딤전 5:17; 딛 1:9; 행 11:30; 20:28; 벧전 5:2 이런 점에서 신약성서는 목사의 자격을 엄격하게 제한하며, 매우 분명하게 제시하고 있다. 참조. 딤전 3:1-7, 5:17-23; 딛 1:5-9 신약성서가 목사의 직무와 관련하여 그 자격을 말할 때, 일반적인 자질과 함께 목회 사역과 직접 관련된 자격을 말하고 있다. 신약성서에서 목사의 자질을 언급하고 있는 것은 바울의 목회서신이다.[8] 목회서신은 바울이 젊은 목회자인 디모데에게 편지하면서 목사가 갖추어야 할 여러 가지 자질들에 대하여 언급한 것이다. 그 내용을 살펴보면 다음과 같다.

첫째, 목사는 책망할 것이 없어야 한다(딤전 3:2, 딛 1:6).

바울은 목사가 '책망할 것이 없는'아네필렘프토스, $ἀνεπίλημπτος$, above reproach 사람이어야 한다는 것을 가장 먼저 제시한 후에 이와 관련된 열한 가지 자질을 열거한다. 딤전 3:2-3 [9] 이 후에 나열하고 있는 모든 자질들은 책망할 것이 없어야 한다는 것에 수반되는 것이다. 목사의 직분은 그 당시나 오늘날 모두 매우 중요한 직분이기에 그 역할을 수행하는 사람이 책망할 것이 없는 성품을 소유해야 한다는 것이다. 목사가 책

---

8) 이 글에서 목회서신(The Pastoral Epistles)의 저작권에 대하여 자세한 논의는 생략하고 바울을 저자로 전제하고 논의를 진행할 것이다. 이 주제와 관련하여 자세한 논의를 보려면, Guthrie, 『신약서론』, (서울: 크리스챤다이제스트, 1992), 547-86; Marshall, et al, 『서신서와 요한계시록』, (서울: 성서유니온선교회, 2007), 297-99를 참조하라.

9) '책망할 것이 없는'('아네필렘토스', $ἀνεπίλημπτος$)이란 단어는 목사의 자격과 관련하여 사용되었지만 디모데전서 5:7에서 과부와 관련하여 등장하며, 디모데에게 유사한 명령을 내릴 때에도 사용되었다(딤전 6:14).

망할 것이 없어야 한다는 자질은 신뢰성과 깊이 관련이 있다. 당시 교회가 신뢰를 잃지 않아야 복음 전도의 사명을 수행할 수 있었는데, 이런 점에서 목사의 자질 중에 책망 받을 것이 없어야 한다는 것은 매우 중요한 자질이다. 이 자질을 설명하기 위하여 이어서 등장하는 여러 가지 다양한 성품들이 열거되고 있다. 목사가 책망할 것이 없는 사람이 되려면 다음과 같은 자질들을 구비해야 한다.

① **목사는 한 여자의 남편이어야 한다**(딤전 3:2; 딛 1:6).

디모데전서 3:2의 "한 여자(아내)의 남편"(미아스 귀나이코스 안드라', $μιᾶς\ γυναικὸς\ ἄνδρα$은 "한 여자의 남자"로 번역할 수도 있다. 하지만, 이것은 목사가 반드시 결혼해야 한다는 조건을 제시한 것은 아닌 것 같다.[10] 목사의 자격에서 "한 아내의 남편"이 되어야 한다는 의미는 목사가 먼저 가족과 공동체의 구성원으로부터 존경을 받아야 한다는 것이다. 그러기 위해서 먼저 성적性的으로 정결해야 함을 암시한다(참조. 딛 1:6). 다시 말해서 결혼생활에 충실하고 성적으로 정절을 지키는 것이 가정에서 존경을 받을 수 있는 기본적 자질이란 의미이다. 한 아내의 남편으로 가정과 아내에게 충실한 것을 바울은 목사의 자격 조건이라고 말한 것이다. 물론 이런 자격 조건의 배경에는 당시 그리스-로마 문화에서 빈번했던 이혼, 간통, 동성애, 등으로 인하여 부부의 정절이 훼손되거나, 금욕주의적 사상 속에서 결혼 자체가 위협을 받고 있었기 때문이라고 이해할 수 있다. 이 편지가 기록될 당시의 형편은 사람들 가운데 난혼promiscuous이 문제가 되고 있었다(참조. 고전 5:1-13). 즉, 동성애와 같은 성적 타락과 문란이 사람들 사이에 자연스럽게 받아들여지는 문화이기 때문이다(참조. 고전 6:12-20; 롬 1:24-32).[11]

---

10) 딤전 3:2의 $μιᾶς\ γυναικὸς\ ἄνδρα$에서 '미아스'에 대하여 네 가지 다른 견해가 있다. 1)반드시 결혼해야 한다. 2)일부 다처해서는 안된다. 3)아내에 대한 정절을 지켜야 한다. 4)재혼/이혼을 하지 않아야 한다. 이 중에서 첫째는 수용할 수 없는 해석이다. 자세한 논의에 대하여 Mounce, *Pastoral Epistles*, 170-73을 보라.

11) Mounce, *Pastoral Epistles*, 153, 169-70을 참조하라.

하지만 당시나 오늘날이나 성 윤리 도덕은 크게 달라진 상황은 아니며, 오히려 오늘날 성적 문란이 더욱 첨예하게 그리고 매우 다양하게 나타나고 있는 상황이다. 바울은 이와 같은 상황 속에서 목사는 한 여자의 남자남편이어야 한다는 것을 목사의 자질로 말한 것이다. 오늘날에도 만일 목사가 결혼하지 않고 목회 현장에 나선다면 그 사람은 성적 유혹에 노출될 수밖에 없다는 것을 알기에 한국의 많은 교단에서 목사 안수를 받으려면 결혼을 해야 한다는 규정을 두고 있다참조. 고전 7:9. 결혼 한 목사라도 자신의 육체적 약함을 인정하지 않으면 언제든지 목사는 성적 유혹에서 자유로울 수 없다. 그래서 목사는 한 아내의 남편으로 결혼관계 안에서 성적인 의무를 아내에게 다하고, 아내도 남편에게 성적 의무를 다해야 한다참조. 딤전 7:1-5. 교회 공동체의 지도자인 목사는 가족에게 충실하고, 부부의 성생활을 건강하게 유지하며 결혼생활에 충실해야 한다는 것을 가르친다.

② 목사는 절제하고, 신중하며, 단정하고, 나그네를 대접하는 자라야 한다(딤전 3:2).

바울은 목사가 "절제하고temperate, 신중하며sensible, 단정하고respectable, 나그네를 대접하는hospitable"자라야 한다고 교훈한다. 절제의 덕목은 술과 관련하여 사용된 것으로 이해할 수 있다. 참조. 딤후 4:5, 딛, 1:6, 고전 15:34 하지만, 절제의 덕목은 술뿐 아니라 일반 사회생활에서도 강조되는 성품으로 감정을 조절하여 다스릴 수 있는 능력을 포함한다. 절제하지 못할 때 사람은 실수하여 책망을 받는다. 신중함은 사회에서 여성다움의 이상으로 여겨진다. 매사에 균형 감각을 갖고 상황에 적절하게 반응하는 것을 의미한다. 단정함은 외적 행동이나 외모와 관련된 것으로 내적 자질과 균형을 이루며 품위 있게 행동하는 것을 의미한다. 신약성서의 다른 곳에서 단정함은 여자의 옷차림과 관련하여 사용되었다. 참조. 딤전 2:9 나그네를 대접하는 덕목은 당시 교회와 목사가 소유해야 할 품성이다. 나그네를 환대하는 것은 초대교회 당시 매우 중요한 덕목이었다.[12] 이 모든 자질들은 목사의 성품을 암시하는 것으로 인내의 성품과 분별력이 있어야 한다는 것이다. 또한 목사는 다른 사람들이 존경할 만해야 하며, 나그네를 환대하며 다른 사람들과 융화적인 성격을 소유해야 한다는 것을 가르친다.

③ **목사는 술을 즐기는 자가 아니어야 한다(딤전 3:3, 딛 1:7).**

목사의 자질 중에 "술을 즐겨하지 아니하며"'메 파로이노스', $μὴ\ πάροινος$" 딤전 3:3라고 말한다. 여기서 '술을 즐겨한다' '파로이노스', $πάροινος$는 것은 '술의 종'이 되거나 '술에 빠진'사람으로 포도주에 중독된 상태를 의미한다.[13] 바울은 무절제한 폭음을 하는 사람은 목사가 될 수 없다는 것을 분명히 가르친 것이다. 이 자질 역시 당시의 문화적 상황을 반영하는 것으로 폭음이 사회적 문제가 되었던 것을 암시한다. 당시 에베소의 이방인들은 금욕주의자들이 많이 있었다참조. 딤전 4:3. 하지만, 이들은 술을 삼가지 않았고 오히려 자신들의 금욕주의적인 가르침에도 불구하고 과다하게 술을 마셨던 것으로 보인다. 참조. 딤전 3:3[14] 또한 이것은 구약성서에서 제사장들이 알코올에 중독되는 것을 경고한 레위 전통과 관련이 있어 보인다. 참조. 레 10:8-11

하지만 바울은 일반 사람들처럼 목사가 음식 먹는 자리에서 술을 마시는 경우를 문제 삼은 것은 아니다. 이런 경우 술은 대부분 포도주를 뜻한다. 당시에 음식과 함께 포도주를 마시는 것은 일반적인 음식 문화에 속한 일이었다. 하지만, 이런 경우에도 목사가 포도주에 중독되지 않아야 한다는 것을 교훈한다. 바울은 디모데에게 "이제부터 물만 마시지 말고 너의 위장과 잦은 병을 생각하여 포도주를 조금씩 쓰라."

---

12) 초대 교회 당시 그리스도인의 환대 문제에 대하여 다음을 참조하라. D.W. Riddle, 'Early Christian Hospitality: A Factor in the Gospel Transmission', *JBL* 57 (1938), 141-54.

13) BDAG, 780.

14) Mounce, *Pastoral Epistles*, 318을 보라.

딤전 5:23라고 조언한다. 아마도 디모데는 자신의 대적자들이 과음하고 폭음하는 것을 알고 그들과 구별되게 술을 전혀 마시지 않았던 것으로 보인다.[15] 그래서 자신의 건강이 나빠질 정도로 물만 마시고 포도주를 전혀 마시지 않았던 것이 분명하다. 그래서 바울은 디모데에게 물만 마시지 말고 포도주를 조금씩 마시라고 권면한 것이다.[16] 이런 경우 디모데에게 포도주는 건강과 관련하여 마시는 음료로 권고되고 있는 것이다. 바울 교훈의 핵심은 목사가 폭음과 과음하지 않아야 할 것을 분명히 가르치고 있다.

④ 목사는 구타하지 않고, 온화하며, 다투지 않아야 한다(딤전 3:3; 딛 1:7; 3:2).

목사는 폭력적인 사람이 아니어야 한다. 여기서 폭력은 물리적으로 구타하는 것을 의미한다. 하지만, 물리적으로 고통을 주는 것 뿐 아니라, 언어적인 폭력과 정신적인 폭력도 이 자질에서 함께 고려할 수 있다. 다른 사람과 자주 다투어 싸움을 하며 상처를 입히는 사람은 목사가 될 수 없다는 지침이다. 목사는 온화한 성격을 소유해야 하며 자신의 권리를 고집하며 다투지 않아야 한다. 다투는 것은 적극적이고 심각한 말싸움을 묘사한 것으로 물리적 폭력을 행사하는 것도 의미한다. 목사는 어떤 경우에도 물리력을 사용하지 말아야 할 것을 교훈한다.

⑤ 목사는 돈을 사랑하지 않아야 한다(딤전 3:3).

바울 당시에 돈을 벌기 위해 가르치는 사람들이 있었던 것으로 보인다참조. 딤전 6:5. 바울은 이런 상황에서 목사는 돈을 사랑하지 않아야 한다는 것을 교훈한다. 당시 목사가 재정을 관리하고 감독했을 것이기에 이 영역에서 책망 받을 것이 없어

---

15) Mounce, *Pastoral Epistles*, 175, 318-19를 참조하라.
16) Mounce, *Pastoral Epistles*, 318-19를 참조하라.

야 함은 당연한 일이었다. 바울은 디모데전서 6:10에서 "돈을 사랑함이 일만 악의 뿌리"가 된다고 가르친다. 초대교회 교훈집 Didache에서도 "만일 그 사도가 돈을 요구한다면 그는 거짓 예언자입니다."11:6 [17]라고 가르친다. 목사가 돈 문제에 깨끗해야 한다는 것은 오히려 오늘날과 같이 신자유주의 사상이 팽배한 이 시대에 더욱 요구되는 자질일 것이다.

바울이 목사의 첫째 자질을 말하면서 책망할 것이 없어야 한다고 제시한 후 열거된 여러 자질들은 목사가 될 사람들에게만 필요한 것은 아니었다. 이 목록들은 일반 사회의 덕목으로 이미 제시된 것이어서 사람이면 마땅히 윤리 도덕적으로 어떻게 살아야 하는지를 알려주는 것이다. 그래서 바울은 목사의 이 덕목들을 집사가 될 사람에게도 그대로 적용하고 있다. 참조. 3:8-13 목사의 자격과 집사의 자격이 각각 다른 기준에서 따로 정해진 것이 아니라 모두 같은 것을 알 수 있다. 더욱이 바울이 목사의 자질로 제시한 목록들은 기독교인과 비기독교인 모두가 칭찬하며 수용할 만한 것으로 목사와 일반신자의 차이가 없음을 알 수 있다. 이런 점에서 목사가 되려는 사람은 먼저 사람으로서 기본적인 인품을 소유하고 있어야 한다는 교훈이다.[18]

둘째, 목사는 가르치기를 잘하는 자라야 한다(딤전 3:2).

신약성서가 가르치는 목사의 두 번째 자격은 가르치는 능력이다. 디모데전서 3:2에서 목사의 자질을 말하면서 "가르치기를 잘하며"라고 언급한 것은 목사가 하나님의 말씀을 가르치는 직분임을 의미한다. 이런 점에서 목사는 하나님의 말씀을 잘

---

17) 정양모 역, 『디다케: 열두 사도들의 가르침』, (왜관: 분도출판사, 1993), 81.
18) 바울 당시 일반 사회 속에서 사람들의 윤리 도덕적으로 올바른 삶을 권장하기 위하여 덕의 목록을 제시하고 있는 것은 쉽게 찾아 볼 수 있고, 신약성서도 그 목록의 일부를 확인할 수 있다(참조. 골 3:12-17; 딤전 1:8-11). Mounce, *Pastoral Epistles*, 166-67을 참조하라.

이해하고 보존하며 진리인 하나님의 말씀을 다음 세대에 가르치는 일을 잘해야 한다는 것이다. 목사의 교육 능력은 하나님의 말씀을 가르치는 교육에서 들어나며, 그것은 대부분 믿음의 공동체에서 신자들에게 설교와 교육하는 일을 통해서 나타난다.

목사의 교육 능력에 대해서 디도서 1:9은 "미쁜 말씀의 가르침을 그대로 지켜야 하리니 이는 능히 바른 교훈으로 권면하고 거슬러 말하는 자들을 책망하게 하려 함이라"고하면서 목사의 가르치는 사역을 강조하고 있다. 신약성서가 가르치는 목사의 교육 능력은 먼저 자신이 그 말씀을 깨달아 알아서 실천하며 지키는 것에서 시작된다. 목사는 가르치는 말씀에 대한 신실함이 요구되는데, 그것은 생활 속에서 나타나는 것이다. 자신이 믿고 행하는 말씀이어야 가르침에도 확신이 있고 올바로 가르칠 수 있음을 암시하는 것이다. 이 자격은 목사의 직무를 수행하는데 직접적인 영향을 주는 것이다.

셋째, 목사는 자기 집을 잘 다스리는 자라야 한다(딤전 3:4-5).

목사는 "자기 집을 잘 다스려 자녀들로 모든 공손함으로 복종하게 하는 자"라야 한다참조. 딤전 3:4; 딛 1:6고 교훈한다. 그 이유는 디모데전서 3:5에서 "사람이 자기 집을 다스릴 줄 알지 못하면 어찌 하나님의 교회를 돌보리요."라고 제시한다. 디모데전서 3:5에서 바울은 하나님의 교회를 가정에 비유하고 있다. 하나님의 교회가 믿음의 공동체로 하나의 대가족과 같다는 암시를 준다. 이런 점에서 교회의 목사는 한 가정의 가장家長과 같은 위치에 있다고 말할 수 있다. 한 가정의 가장이 지도력이 있어서 가정을 잘 인도하고 이끌어야 하는 것처럼 목사도 교회의 구성원을 잘 인도하여야 한다는 것을 알 수 있다.

하지만 목사가 지도력이 있어야 한다는 신약성서의 가르침에서 "지도력"이란 정치적 권력이나 교회 안에서 전권을 휘두르는 것을 의미하지 않는다. 더욱이 독불장

군식의 편협한 지도력을 의미하는 것도 아니며, 다양한 압력을 사용해서라도 자기의 뜻을 관철시키는 지도력을 의미하는 것이 아니다. 이것은 바울이 목사를 가정의 가장에 비유한 것에서 알 수 있다. 가정의 가장이 지도력을 행사할 때 폭군이 되거나 전권을 발휘하는 것을 의미하지는 않는다. 이와 마찬가지로 교회의 목사가 지도력이 있어야 한다는 것은 물리적, 정신적 압박이나 힘을 의미하는 것이 아니다. 목사의 지도력이란 섬김의 지도력을 의미한다. 바울은 고린도교회에 보내는 편지에서 자신을 그리스도의 일꾼 '휘페레테스', ὑπηρέτης으로 소개하면서 섬김의 지도력을 말한다참조. 고전 4:1. 바울은 자신을 그리스도의 일꾼 즉, 그리스도의 노예로 소개한것이다.[19] '휘페레테스'는 "배 밑에서 상관의 명령에 따라 노를 젓는 자"라는 뜻이다.[20]

바울이 목사에게 요구되는 자질로 자기 집을 잘 다스릴 줄 알아야 한다는 것은 만약 어떤 사람이 자기 집을 다스릴 수 없으면 교회를 다스릴 자격이 없음을 스스로 나타내는 것이기 때문이다. 자기 집을 다스린다는 것은 자녀들을 잘 양육하여 복종하는 자녀로 만드는 것이며, 방탕이나 반항적인 것으로 비난 받지 않는 신실한 자녀를 둔 것을 의미한다참조. 딛 1:5-9. 하지만, 이 자질이 목사가 반드시 결혼해야 하며 한 자녀 이상 두어야 한다는 것을 암시하는 것은 아니다. 현재 우리가 아는 한 바울과 디모데는 결혼하지 않았고 그래서 자녀가 없었다. 하지만, 바울은 고린도교회에 보내는 편지에서 자신을 아버지처럼 소개하면서 묘사하고 있다. 참조. 딤전 4:14-21

넷째, 목사는 최근에 회심한 사람이 아니어야 한다(딤전 3:6).

앞에서 열거한 모든 자질을 갖추었다고 목사가 될 수 있는 것은 아니라고 디모

---

19) 김지철, 『고린도전서』, (서울: 대한기독교서회, 1999), 197을 보라.
20) 박익수, 『누가 과연 참 그리스도인가』, (서울: 대한기독교서회, 2002), 148.

데전서 3:6은 가르친다. 디모데전서 3:6은 "새로 입교한 자도 말지니 교만하여져서 마귀를 정죄하는 그 정죄에 빠질까 함이요"라고 경고한다. 당시에도 오늘날처럼 부하고 유명한 사람을 지도자로 세우려는 문제가 있었던 것을 알 수 있다. 다시 말해서 입교한 기간이 얼마 되지 않은 사람은 아무리 사회적으로 유명하고, 윤리 도덕적으로 훌륭해도 목사로 세울 수 없다는 교훈이다. 왜냐하면 입교한 기간이 얼마 되지 않은 사람은 그 마음과 생각 속에 복음의 가르침이 그 삶과 인격 속에 온전히 뿌리를 내렸는지 쉽게 알 수 없기 때문이다. 예수를 믿는다고 교회 공동체 앞에서 믿음을 고백하고 교회에 입교했지만, 그 기간이 얼마 되지 않은 사람은 삶으로 믿음이 증명되기까지 기다려야 할 것이다. 그렇지 않고 교회에서 이런 사람들에게 목사와 같은 중책을 맡게 하면 갑자기 교만해져서 오히려 그 사람 자신을 위험에 빠뜨릴 가능성이 있기 때문이다. 그러므로 새로 입교한 사람이 아무리 유능하고 훌륭할지라도 신앙의 뿌리가 깊지 않으면 흔들릴 수 있고 배교에 이를 가능성도 있기에 목사라는 막중한 사명을 맡길 수 없다.

다섯째, 목사는 비기독교인들에게서도 좋은 평판을 받아야 한다(딤전 3:7).

바울은 목사의 자격에서 비기독교인들의 평판을 주목했다. 이 자질 역시 당시 종교 사회적 상황과 무관하지 않다. 당시 복음의 대적자들은 사회적으로 악평을 받고 있었다. 이들은 돈을 벌기 위하여 가르치고 있거나 폭음과 과음으로 평판이 좋지 않았다. 참조. 딤전 6:1; 딛 2:5 이런 점들을 고려하여 목사는 교회의 지도자로 교회 밖에 있는 사람들에게 좋은 평판을 받는 것이 필요하다. 그렇지 않으면 목사 자신 뿐 아니라 교회에 치욕이 될 것이며 사단의 올무에 희생될 것이다. 참조. 벧전 5:8 한 마디로 말해서 목사는 교회 뿐 아니라, 일반 사회에서도 많은 사람들에게 존경을 받는 사람이어야 한다는 교훈이다. 바울이 디모데전서 3:7에서 "또한 외인에게서도 선한 증거를 얻은 자라야 할지니"라고 가르친 이유는 7절 마지막 부분인 "비방과 마귀의 올무에 빠질까 염려하라"는 권고에서 잘 드러난다. 교회 공동체 밖에서 평범한 사람들의 윤리 도덕적 수준에서도 인정을 받는 사람이 아니라면 교회의 목사가 될 수 없다는 것이다. 목사는 이런 점에서 사회적으로도 비난을 받지 않는 것이 중요하다. 만일 교회의 목사가 자신의 행위로 세상 사람들에게 비난을 받는다면 그것은 개인의 문제가 아니라 곧 교회의 위상과 명예를 실추시키고 그리스도의 몸을 손상시키는 일이기 때문이다.

요약하면, 목사의 자격은 무엇보다 먼저 사람의 기본적인 인품을 소유해야 한다고 가르치며 "책망 받을 것이 없는"사람이라고 제시한다. 책망 받을 것이 있다면 그 사람은 복음을 올바로 전할 수 없을 것이기 때문이다. 둘째, 바울은 목사의 자질에서 가르치는 교육 능력을 강조하여 제시한다. 목사의 핵심 사역이 가르치는 일과 직접 관련되어 있기 때문이다. 셋째, 목사는 가정을 돌보며 가정에서 인정받는 사람이어야 하나님의 교회를 인도할 수 있다고 가르친다. 가정에서 인정받지 않은 사람은 목사가 될 수 없음을 분명히 가르친다. 넷째, 하지만, 앞에서 열거한 모든 조건이 만족할지라도 회심한 기간이 얼마 되지 않은 사람은 목사가 될 수 없다고 가르친다. 그 믿음이 삶으로 증명되기까지 시간이 필요하기 때문이다. 마지막으로 다섯째, 목사는 교회 안에서나 사회적으로도 다른 사람들에게 인정을 받는 사람이어야 한다. 다시 말해서 교회 밖의 사람들에게도 좋은 평판을 받는 사람이 목사가 될 수 있다는 것을 가르친다.

3. 목사의 사역은 무엇인가?

바울은 디모데전서 3:1-7과 디도서 1:5-9에서 목사의 자질과 함께 가르치는 능력을 매우 강조하고 있다. 이런 점에서 목사의 사역은 우선적으로 가르치는 일을 말하지 않을 수 없다. 가르치는 내용은 하나님의 살아있는 말씀인 신구약성서이다. 목사는 자신의 철학이나 사상을 전하는 것이 아니라, 하나님의 말씀인 성서의 말씀을 가르치는 것이다.

바울은 디도서 1:9에서 목사는 "미쁜 말씀의 가르침을 그대로 지켜야 하리니 이는 능히 바른 교훈으로 권면하고 거슬러 말하는 자들을 책망하게 하려 함이라"고 하면서 목사의 가르치는 사역을 강조하고 있다. 신실한 말씀을 가르치며 그대로 지켜 행하도록 하는 일과 바른 교훈으로 권면하는 일이 목사의 사역이라고 가르친다. 9절에서 "거슬러 말하는 자들"은 하나님의 말씀에 순종하지 않는 사람들을 의미하며 목사는 이런 사람들을 말씀으로 책망하여 바른 길로 인도하는 책임이 있음을 말한다. 목사의 가르치는 일에는 목사가 성도들에게 성서를 가르치며 예배 중에 설교하는 일이 포함된다.

사도행전 20:17-35의 기록에 의하면 바울은 에베소 교회의 장로들을 부른 자리에서 그들의 가르치는 사역을 매우 중요하게 언급하고 있다. 바울은 에베소 교회의 장로들에게 자신을 대신하여 일해 줄 것을 부탁하고 있다. 바울이 에베소 교회의 장로들에게 자신의 일을 부탁하면서 자신은 욕심 없이 겸손하게 일했으며참조. 행 20:19, 26, 33-35, 가르치는 일을 했다고 말한다. 참조. 행 20:20-21, 27, 31

목사의 가르치는 사역과 함께 베드로전서 5:1은 목사가 "그리스도의 고난의 증인"으로서의 역할이 있음을 말한다. 그리스도의 고난의 증인이 되는 것은 말씀을 가르치는 것 뿐 만 아니라 그 자신의 삶 속에 사역이 포함되어 있음을 암시한다. 이런 사역을 잘 감당한 사람이 앞으로 나타날 영광을 함께 누리게 될 것이다. 베드로전서 5:2은 목사의 사역을 암시하면서 "하나님의 양무리를 치되 억지로 하지 말고 하나님의 뜻을 따라 자원함으로 하며 더러운 이득을 위하여 하지 말고 기꺼이 하며"라고 가르친다. 목사의 사역을 양 떼를 돌보는 것으로 비유하여 가르치는 것은 교회의 성도들이 양 떼와 같다는 암시이다.

이와 같이 목사로서 양 떼와 같은 성도들을 돌보는 사역과 관련하여 베드로전서 5:2-3은 하나님의 뜻을 따라 자진하여 양 떼를 돌보는 사역을 하라고 가르친다. 더욱이 더러운 이익을 탐하여 이런 사역을 하지 말라고 경고한다. 양 떼를 치는 사역과 관련하여 목사는 성도들의 삶을 돌보고 그들을 위하여 봉사해야 한다는 것을 알 수 있다. 그러기 위하여 "양무리의 본이 되라"**벧전 5:3**고 가르친다. 이런 점에서 목사의 사역은 상담자, 위로자, 양육자의 모습으로 비유될 수도 있다. 이런 호칭과 관련하여 목사의 사역은 매우 다양하게 언급될 수 있을 것이다. 하지만, 목사의 가장 중요한 사역은 무엇보다도 하나님의 말씀인 성서를 가르치는 사역이며, 이 일을 위하여 교회의 성도들을 보살피며 인도하는 사역임을 알 수 있다.

나가는 말

우리는 지금까지 신약성서가 제시하는 목사의 정체성을 살펴보았다. 신약성서에 의하면 목사는 "목사", "장로", "감독", 등으로 호칭되는 사람으로 지역 교회에서 성도들을 목양하는 책임을 맡은 사람이다. 신약성서에 의하면 목사와 감독 및 장로는 모두 동일한 직분의 다른 이름인 것을 알 수 있다. 첫째, 신약성서에서 가르치는 목사의 자격 가운데 가장 중요한 것은 "책망 받을 것이 없는 사람"이다. 목사가 책망 받지 않으려면 당연히 한 여자의 남편이어야 한다..딤전 3:2; 딛 1:6 목사는 절제하고, 신중하며, 단정하고, 나그네를 대접하는 자라야 한다딤전 3:2. 목사는 술을 즐기는 자가 아니어야 한다. 딤전 3:3, 딤 1:7 목사는 구타하지 않고, 온화하며, 다투지 않아야 한다.딤전 3:3; 딛 1:7; 3:2 목사는 돈을 사랑하지 않아야 한다.딤전 3:3 둘째, 목사는 가르치기를 잘하는 자라야 한다. 딤전 3:2 셋째, 목사는 자기 집을 잘 다스리는 자라야 한다. 딤전 3:4-5 넷째, 목사는 최근에 회심한 사람이 아니어야 한다. 딤전 3:6 다섯째, 목사는 비기독교인들에게서도 좋은 평판을 받아야 한다.딤전 3:7 마지막으로 목사의 사역은 가르치는 일과 밀접하게 관련되어 있다. 목사는 하나님의 말씀을 신자들에게 올바로 가르쳐야 한다. 하지만, 그 가르침은 단순히 전달자로서 가르침이 아니라 삶으로 모범을 보여야 한다. 참조. 벧전 5:2-3 이런 점에서 목사는 삶으로 모범을 보이면서 목회 사역을 감당해야 한다.

우리가 결론적으로 확인할 수 있는 것은 먼저, '목사의 역할이 무엇인지 알고 있느냐?'라는 근본적인 질문에 대답하는 것이다. 목사의 올바른 역할을 위하여 바울은 목사의 여러 가지 자질을 제시했다. 그 자질을 검토한 결과 가장 중요하게 제시된 '책망 받을 것이 없는 사람'이 목사이어야 한다는 사실은 오늘날 많은 비난 속에 놓여있는 목사들을 생각할 때 마음이 매우 불편하다. 하지만, 이것이 진리라면 우리는 올바른 자질을 갖춘 목사가 목회하는 교회가 되도록 한국교회를 새롭게 재구성하는 일에 힘을 기울여야 할 것이다. 더욱이 목사가 비기독교인들에게서도 좋은 평판을 받아야 한다고 가르치는 것을 생각하면 단순히 신학교를 졸업하고 안수를 받았다고 목사가 되는 것은 아니라는 사실을 명심해야 한다.

다음으로, 목사가 하나님의 말씀을 삶으로 가르치는 사람이며, 그래서 그리스도의 일꾼이라고 한다면, 신약성서가 말하는 목사는 특별한 계층도 아니고, 선지자도 사도도 아니며, 레위 족속은 더 더욱 아니라는 것을 알아야 한다. 그리스도의 일꾼은 섬기는 자일뿐이다. 이런 점에서 바울이 목사의 자질과 집사의 자질을 동일하게 제시한 것을 기억할 필요가 있다. 신약성서는 목사가 특별한 사회적 권력과 신분을 지닌 사회적 계층이 아니라는 것을 분명히 가르친다.

참고문헌

김지철, 『고린도전서』, 서울: 대한기독교서화, 1999.
바른교회아카데미 편, 『교회직제론: 한국교회 직제 개선을 위한 모색』, 서울: 예영커뮤니케이션, 2012.
박익수, 『누가 과연 참 그리스도인인가』, 서울: 대한기독교서회, 2002.
정양모 역, 『디다케: 열두 사도들의 가르침』, 왜관: 분도출판사, 1993.
Bauer, W. and F.W. Danker, *A Greek-English Lexicon of the New Testament and Other Early Christians Literature*(=BDAG). Chicago: University of Chicago Press, 3rd edn, 2000.
Ellis, E.E., *Pauline Theology: Ministry and Society*. Grand Rapids: Eerdmand, 1989.
Guthrie, D., 『신약서론』, 서울: 크리스찬다이제스트, 1992.
Marshal, I.H., et al, 『서신서와 요한계시록』, 서울: 성서유니온선교회, 2007.
Merkle, B.L., *The Elder and Overseer: One Office in the Early Church*. New York: Peter Lang, 2003.
Mounce, W.D., *Pastoral Epistles*. WBC 46. Nashville: Thomas Nelson, 2000.
O'Brien, P.T., *The Epistle to the Philippians: A Commentary on the Greek Text*. *NIGTC*. Grand Rapids: Eerdmans, 1991.
Riddle, D.W., 'Early Christian Hospitality: A Factor in the Gospel Transmission', *JBL* 57 (1938), 141-54.

2장
거룩한 삶으로의 부르심

김근주

거룩한 삶으로의 부르심

김근주

영화 「쿼바디스」가 다루는 문제 가운데 하나가 '사제주의司祭主義' 혹은 '성직주의聖職主義'이다. 이 용어들이 의미하는 것은 교회 내에 '사제' 내지는 '성직'이 존재하는 것 자체에 대한 비판일 수도 있고, '사제' 혹은 '성직자'가 행사하는 특권적 지위에 대한 비판일 수도 있다. 사제 혹은 성직자들로 인해 일어나는 문제들은 단지 오늘날 개신교 교회의 문제만이 아니라 기독교 역사 이래 줄기차게 존재하던 문제들이기도 하다. 영화에서 제기하는 성직주의는 주로 목회자 집단과 연관되어 있다. 목회자를 가리켜 성직이라 부르며 그에 수반한 온갖 권력과 권세, 권위 부림을 통해 이런 저런 참담한 양상을 교회와 사회에 쏟아 내는 현실이 이 영화가 다루고 있는 지점이라고 할 수 있다.

그러나 이것은 단지 목회자 집단만의 문제가 아니라 교회 공동체 전체가 연관된 문제라고 해야 할 것이다. 이와 연관된 모든 문제의 근원에는 사제 혹은 성직자를 특별하게 여기는 사고가 놓여 있다. 사제 혹은 성직자에게 부여되는 '거룩'으로 인해 그들 스스로 혹은 신앙 공동체의 다른 사람들에 의해 특별한 존재로 여기게 되고 필연적으로 특권적인 지위의 남용과 오용이 발생하게 된다. '거룩'이라는 개념이 구약 시대 이스라엘 신앙에서 비롯된다는 점에서, 성직주의에 대한 반성은 필연적으로 구약에 대한 올바른 이해와 연결된다고 할 수 있다.

목회자가 '거룩'을 독점하게 된 현실을 단적으로 보여주는 사고방식의 하나는 '목사는 제사장'이라는 것이다. 이미 오래 전부터 이러한 동일시가 부당하다고 지적되어 왔지만, 일선 교회에서 여전히 횡행하고 있다고 보인다. 이와는 조금 다르지만 비슷한 사고 방식으로, '제사장적 목회'니 '예언자적 목회'같은 다소 애매한 표현들도 사용된다. 목회자가 감당해야 할 기능으로 예언자적 목회가 오늘날에 좀 더 요구된다는 진단이 있는가 하면, 예언자적 목회는 교인들의 마음을 불편하게 하고 메마르게 만들지만, 제사장적 목회는 성도들의 상한 마음과 지친 심령을 감싸고 위로하며 생기를 회복하게 한다는 식의 표현도 있다. 여기에는 반드시 '예언자적 목회에서 제사장적 목회로 돌이켰을 때 정말 교인들이 행복해 하는 것을 보고 교회도 부흥했습니다' 식의 경험담이 연결되어 종종 교계 신문이나 도서에 실리기도 한다. 이러한 상황은 제사장을 비롯하여 구약 시대에 존재한 중재자들에 대한 이해와 오늘의 현실에 대한 성찰을 요구한다. 이 점을 염두에 두면서 거룩한 삶에서부터 논의를 시작해 보자.

거룩한 삶으로의 부르심

세상에 제사장부터 존재하지 않고 사람이 존재하였다.[1] 처음부터 인류는 복수로, 즉 관계 안에 존재하였으며 이 점이야말로 하나님의 형상대로 지음 받음의 본질적인 의미 가운데 하나이다.창 1:27; 5:1-2 하나님께서 인류에게 주신 사명은 하나님이

---

1) 이에 대해 태초에 조성된 에덴 동산이 성전이며, 첫 인류가 성전 제사장으로 부름 받았음을 주장하는 논의들이 있다. 그레고리 비일, 강성열 옮김, 『성전 신학』, 새물결플러스, 2014. 이 논의는 근본적으로 모든 사람이 제사장임을 이야기한다는 점에서 특별한 계층 혹은 직분으로서의 제사장과는 확연히 구별된다고 할 수 있다. 에덴이 성전이라는 비일의 논의는 사람이 살아가는 일상의 현실이 거룩한 곳임을 또렷이 일깨워준다고 할 수 있다.

지으신 온 세상을 다스리는 것이었다. 창 1:26,28 하나님은 이를 위해 사람을 에덴 동산으로 이끌어 그 땅을 경작하며 지키게 하셨다. 창 2:15 즉 사람에게 맡겨진 세상 다스림은 노동으로 구체화된다고 할 수 있다. 그는 제사하도록 부름 받지 않았고 경작하며 지키도록 세워졌다는 점에서, 노동/일/섬김이 예배인 삶이야말로 세상 다스림의 본질적인 특징이라고 말할 수 있을 것이다. 창 2:15에 쓰여 '경작하다'로 번역된 히브리말 동사의 의미에는 '일하다', '섬기다', '예배하다'가 모두 들어있다

끊임없이 범죄하고 죄악이 깊어져 가는 인류 가운데 하나님께서는 아브라함을 불러 내신다. 하나님께서 아브라함을 부르신 목적 혹은 아브라함에 두신 사명은 아담에게 두셨던 사명을 보다 구체화하고 있다.

> "내가 그로 그 자식과 권속에게 명하여 여호와의 도를 지켜 의와 공도를 행하게 하려고 그를 택하였나니 이는 나 여호와가 아브라함에 대하여 말한 일을 이루려 함이니라"(창 18:19)

세상을 다스리는 것은 노동 혹은 일을 통해 현실이 되고, 그렇게 노동하며 일하는 삶의 내용을 일러 위 구절에서는 '공의와 정의를 행하는 삶'"의와 공도"에 해당하는 히브리말 표현은 이 곳을 제외하면 개역성경에서 대체로 일관되게 '공의와 정의'로 번역된다으로 구체화되고 있다. 정의와 공의는 하나님께서 세상을 다스리시는 원칙가령, 시 97:2; 사 33:5; 렘 9:24이라는 점에서, 인류가 세상을 다스린다는 것의 구체적인 의미가 정의와 공의를 행하는 삶이라고 요약하는 것은 매우 논리적인 결론이다.

나아가, 하나님의 다스리심 즉 하나님 나라의 원칙을 아브라함이 따른다는 점에서 아브라함은 하나님 나라, 하나님의 통치를 그의 삶에서 살아가는 사람이라고 표현할 수도 있을 것이다. 그리고 다음 구절은 이것이야말로 애굽에서 종 되었던 이스라엘을 구속하신 하나님의 목적이기도 함을 보여준다.

"그러므로 이스라엘 자손에게 말하기를 나는 여호와라 내가 애굽 사람의 무거운 짐 밑에서 너희를 빼내며 그들의 노역에서 너희를 건지며 편 팔과 여러 큰 심판들로써 너희를 속량하여 너희를 내 백성으로 삼고 나는 너희의 하나님이 되리니 나는 애굽 사람의 무거운 짐 밑에서 너희를 빼낸 너희의 하나님 여호와인 줄 너희가 알지라"(출 6:6-7)

이스라엘을 구속하신 목적은 그들로 '너희 하나님-내 백성' 관계 안에, 즉 하나님 나라의 백성으로 살게 하려는 것이다. 하나님 나라 백성으로 부르심을 표현하는 '너희 하나님-내 백성' 도식은 구약 전체에서 일관되게 나타난다. 하나님의 부르심은 구속이 목적이 아니라 하나님 나라 백성으로 살아가는 삶이 목적인 것이다. 다음 구절은 이 점을 달리 표현하고 있다.

"세계가 다 내게 속하였나니 너희가 내 말을 잘 듣고 내 언약을 지키면 너희는 모든 민족 중에서 내 소유가 되겠고 너희가 내게 대하여 제사장 나라가 되며 거룩한 백성이 되리라 너는 이 말을 이스라엘 자손에게 전할지니라"(출 19:5-6)

온 세상이 이미 하나님께 속한 하나님의 소유이지만, 이스라엘이 하나님의 언약을 따라 행하게 될 때 그들은 하나님의 소유가 된다. 그리고 이것이 제사장 나라, 거룩한 백성이라는 말로 표현된다. "제사장 나라"a kingdom of priests로 번역된 히브리말은 헬라어로 번역된 구약 성경인 칠십인경에서 '왕적인 제사장'a royal priesthood으로 번역되었고, 이것이 반영된 출애굽기 구절 인용을 신약 성경에서 볼 수 있다. 벧전 2:9 "… 택하신 족속이요 왕 같은 제사장들이요 거룩한 나라요 그의 소유가 된 백성이니 …" 온 세상이 이미 하나님의 소유이지만 이스라엘을 따로 부르셨다는 것은 그들이 "제사장 나라"로 부름 받았음을 의미한다. 그들이 '제사장 나라'라 하여 좁은 의미의 제사만 드리는 백성이지 않을 것이다. 그들은 노동하고 일하며 일상을 정의와 공의로 살아간다. 그러한 그들의 삶이야말로 '제사장 나라' 혹은 '거룩한 백성'의 삶이며 아브라함을 부르신 목적이기도 하다. 아브라함의 삶을 통하여 열방이 복을 받게 될 것이라는 말씀창 12:1-3은 이제 제사장 나라로 부름 받은 이스라엘을 통해 현실이 된다.

"거룩한 백성"은 부름 받은 이스라엘의 상태이며 목적이다. 오경의 한 가운데에 위치한 레위기의 전반부1-16장와 후반부17-26장는 모두 이스라엘이 이를 위해 부름 받았음을 표현한다.

> "나는 너희의 하나님이 되려고 너희를 애굽 땅에서 인도하여 낸 여호와라 내가 거룩하니 너희도 거룩하라"(레 11:45)
>
> "너는 이스라엘 자손의 온 회중에게 말하여 이르라 너희는 거룩하라 이는 나 여호와 너희 하나님이 거룩함이니라"(레 19:2)

이 두 구절이 속해 있는 레위기 11장과 19장은 이스라엘 전체가 기억하고 유념해야 할 일상의 거룩, 일상의 구별된 삶을 자세하게 다루고 있다. 여기에는 음식에 대한 규례가 있는가 하면, 농경과 수확, 고용 노동, 시장 거래, 재판정, 장애인과의 관계, 화목제물 등 그야말로 삶의 모든 국면에 연관된 규례들이 있다.

이제까지의 논의를 정리하면, 하나님의 형상대로 지음 받은 사람의 목적은 하나님을 본받아 세상을 다스리는 것이며 그 다스림은 정의와 공의를 행함으로 구체화된다고 할 수 있다. 하나님의 명령을 따라 일상의 현실에서 거룩한 삶을 살아갈 때, 이들로 말미암아 열방이 회복될 것이다. 이상의 논의는 특정한 직분을 가진 사람이 아니라 이스라엘 공동체 전체가 하나님의 거룩한 삶으로 부름 받았음을 명확하게 보여준다. 거룩한 삶은 제사장의 영역이 아니라 부름 받은 이스라엘 삶의 전 영역에서 관철되어야 한다. 칠십인경의 번역을 따르자면 이스라엘 전체가 거룩한 제사장으로 부름 받았다. 구약 시대에 제사장과 평신도라는 명확한 성속 구분이 존재하지만, 거룩한 삶으로의 부르심은 온 백성을 향한 것임을 이미 구약에서부터 줄기차고도 일관되게 증언하고 있다. 모든 이스라엘이 거룩한 삶으로 부름 받았다는 구약의 진술은 신약 교회에서 예수 그리스도를 고백하는 교회 공동체를 향한 권면으로 해석되었다.

"오직 너희를 부르신 거룩한 이처럼 너희도 모든 행실에 거룩한 자가 되라 기록되었으되 내가 거룩하니 너희도 거룩할지어다 하셨느니라"**벧전 1:15-16**

거룩한 삶으로의 부르심은 제사장이 아니라 모든 이스라엘을 향해 주어졌으며, 모든 그리스도인을 향하여 주어졌다. 이상의 논의는 거룩한 삶으로의 부르심이 이미 구약에서부터 제사장과 같은 특정한 계층이나 직분의 사람에게 한정된 것이 아니라 모든 이스라엘을 향한 것이며, 이를 통해 이스라엘이 열방의 회복에 쓰임 받게 된다는 것을 보여준다. 거룩이 모두를 향한 부르심임을 기억하는 것이 목사에 대한 우리 논의의 출발점이다.

목사는 제사장이다?

목회자는 제사장이라는 표현 안에 담긴 함의는 여러 가지로 나타난다. 그 가운데 몇 가지를 다음과 같이 정리할 수 있다.

(1) 하나님이 제사장을 따로 구별하셨듯이, 목회자는 하나님께서 세우신 종이다. 그러니 목회자를 바로잡고 고치시는 분도 하나님뿐이며, 목회자를 대적하는 것은 그에게 기름을 부으신 하나님을 대적하는 것이다.
(2) 목회자는 하나님께 나아가는 제사의 전문가이며 이 일은 오직 제사장인 목사에게

맡겨진 일이다. 그리고 이와 연관하여 하나님의 율법과 말씀을 가르치는 것은 제사장인 목사에게 맡겨졌다.

(3) 제사장이 거룩하듯이 따로 구별된 목사도 거룩하며 그가 하는 일은 모두 하나님의 거룩한 일이다. 구약 시대에 평신도가 드린 거룩한 제물이 거룩한 제사장의 몫이 되듯이 교회의 물질도 목사에게 귀속된다.

(4) 대대로 제사장인 아론 자손처럼, 한 교회의 목회자 직분 역시 세습될 수 있다.

목회자들 스스로 자신들을 제사장이라 표현하기도 하고, 교회 공동체에 속한 교인들이 목회자를 그렇게 표현하기도 한다. 아마도 시작은 목회자들이 스스로를 제사장이라고 교인들에게 가르쳤기 때문일 것이다. 나중에 좀 더 언급하겠지만, 목회자의 일과 제사장의 일이 기능적으로 비슷한 부분이 있는 것이지, 목회자가 구약의 제사장일 수는 없다. 모든 그리스도인이야말로 구약의 제사장이기 때문이다. 모든 그리스도인이 제사장이니 목회자 역시 제사장일 수는 있겠다. 문제는 제사장이라는 비유를 목회자가 독점하여 자신의 특권적 지위를 구축하는 근거로 쓴다는 점일 것이다.

목사는 하나님이 세웠다?

하나님은 모든 그리스도인을 세우셨고, 당연히 그리스도인의 한 사람인 목회자도 세우셨다. 그러나 그것이 그들이 저지르는 불의와 불법에 대한 비판을 전혀 차단하지 않는다. 흔히 이와 연관하여 사울을 죽일 기회가 있었음에도 죽이지 않은 다윗 삼상 24:1-7; 26:6-12을 예로 들지만, 여전히 다윗은 사울의 명령에 순종하지 않고 도망다니며 사울을 반대하는 사람들로 하여금 다른 가능성을 생각하게 만들었다. 사울을 자기 손으로 죽이지 않았을 뿐, 사울의 나라는 다윗으로 인해 갈수록 약화되고 있었다. 또한 솔로몬의 경우 자신의 왕위 즉위에 대해 다른 쪽에 섰던 대제사장 아비아달을 그의 고향으로 추방해 버리기도 한다. 왕상 2:26-27

하나님의 뜻을 거스르는 제사장들을 향해 날선 비판으로 맞선 사례는 이 뿐이지 않다. 느헤미야 시대 대제사장 엘리아십은 느헤미야의 성벽 재건을 그토록 방해하던 세력가 도비야와 깊은 연관이 있었다. 느헤미야가 잠시 자리를 비운 사이에 성전에 있던 방을 도비야에게 내주기도 하고, 느 13:4-9 그의 손자인 요야다의 아들 중 한 명은 당시의 또 다른 세력가인 사마리아 산발랏의 사위가 되기도 하였다. 느 13:28 당대의 권력자 혹은 힘 있는 세력과 혼인을 통해 동맹을 맺고 이런 저런 혜택을 보아주는 종교인의 모습은 오늘날에도 전혀 낯설지 않다. 느헤미야는 이에 대해 아주 단호하게 대처하며 바로잡았다. 이에 대한 느헤미야 자신의 평가는 다음과 같다.

"내 하나님이여 그들이 제사장의 직분을 더럽히고 제사장의 직분과 레위 사람에 대한 언약을 어겼사오니 그들을 기억하옵소서"(느 13:29)

제사장이건 누구건 틀린 것은 틀린 것이다. 그에 대해서는 단호하게 비판하고 틀렸다 해야 할 것이다. 그것이 예수께서 그 시대의 권위자들이던 바리새인과 사두개인, 대제사장에게 행하신 방식이다. 이를 생각하면 '주의 종을 대적하면 하나님이 치신다'는 식의 이야기가 얼마나 황당무계하고 부당한 지 더 말할 것도 없다. 목사가 아니라 모든 그리스도인이 주님의 종이다. 주님의 종된 교우들에게 함부로 대하여 하나님의 징계를 받은 목회자가 한 둘이 아닐 것이다.

목회자이든 목회자가 아닌 교인이건 하나님의 자녀요 종이 된 서로를 향해 함부로 하면 안된다. 서로를 존중하고 귀히 여겨야 한다. 동시에 이것이 비판을 봉쇄하는 것이지 않다. 하나님께서 심판자이시니, 하나님의 심판을 받아 상대가 두려운 심판에 떨어지지 않도록 그 전에 서로 돌아보고 권면하고 책망해야 할 것이다. 권면하기 위해서는 비판적 인식이 필수적일 것이다. 이때 비판이야말로 그를 살릴 수 있는 거의 유일한 길이지 않은가.

목사는 제사 전문가이며 하나님 말씀을 선포하는 권한이 있다?

우리네 교회는 '하나님의 뜻'이라든지 '성령께서 주시는 마음' 같은 용어들이 난무한다. 처음 신앙을 가질 때에는 이러한 말들을 매우 낯설어 하지만, 어느새 익숙해져서 큐티를 나누면서도 습관적으로 '주님이 주신 마음' 같은 근거 없는 수식어들을 남발하게 된다. 아마도 이러한 말들이 널리 쓰이게 된 데에는 여러 이유가 있지만 목회자의 영향도 클 것이다. 목회자들은 늘 성경을 설교하고 성경 공부를 인도하다 보니 마치 스스로 하나님의 말씀과 뜻을 매우 잘 알고 있는 것처럼 착각하게 된다. 거기에 오랜 목회 경험 속에서 형성된 것들까지 합쳐져서 목회자가 하나님의 뜻을 거의 독점하다시피 선포하게 되는 것이 현실이다. 그러나 실제로 우리 나라의 대부분의 신학 교육 과정상, 구약과 신약을 배울 시간을 제대로 갖지 못하는 것이 현실임을 생각하면 목회자가 하나님 말씀의 전문가인 것처럼 행사하는 것은 부적절하다. 다만 다른 교우들보다 훨씬 더 많이 시간을 내어 끊임없이 말씀을 읽고 연구하고 묵상하며 그 의미를 찾기 위해 애쓰는 이가 목회자라고 해야 할 것이다.

목회자는 예배 전문가이지 않다. 그러니 예배에서 목회자가 많은 것을 좌우하는 것은 그리 적절하지 않다. 구약 시대 제사와 연관해서 우리는 제사장이 커다란 비중을 차지했을 것으로 생각하지만, 실제로는 그렇지 않다. 번제를 예로 들면, 레 1장 예배자가 하나님께 예물 드리고자 하는 마음이 있어 자신의 형편에 따라 드릴 예물을 소나 염소, 양, 비둘기, 곡식 가운데서 정한다. 그리고 그는 그 정한 예물을 성소로 가지고 와서 제물에 안수한 후에 자신이 직접 도살한다. 도살할 때 흐르는 피를 받아서 제사장에게 넘겨 주면 제사장은 이 피를 제단 사방에 뿌린다. 그리고 예배자는 도살한 제물을 조각조각 자르고 자른 부위들을 물로 씻는다. 이렇게 씻은 제물을 제사장에게 넘겨 주면 제사장은 이를 받아서 제단 불 위에 올려 놓고 사른다. 그러면 하나님께서는 예배자로 상징되는 제물이 타는 냄새를 흠향하신다. 이에서 보듯, 사실상 구약 제사의 주된 작업은 제사장이 아니라 예배자에 의해 집행된다고 할 수 있다. 최소한 제사장과 예배자의 협력을 통해 제사가 드려진다. 제사장과 평신도가 명백히 구분되던 구약 시대조차 이러했음을 고려하면, 오늘날 우리네 예배에서 목회자가 전문가인 것처럼 독점하는 것은 부당하다. 레위기 전체가 제사와 연관되어 있다고 여겨지지만, 레위기 전체 스물 일곱 개 장 가운데 6:8-10장, 16장, 22-24장 정도를 제외하고 나머지는 모두 모든 이스라엘을 향해 선포되었다. 제사와 정결, 거룩한 삶은 제사장의 사명이 아니라 온 이스라엘의 사명인 것이다.

그럼에도 제사와 연관해서 목회자와 제사장이 동일시되는 사고가 여전히 우리 안에 있다. 그렇게 된 원인은 아마도 구약 제사와 신약 예배가 지니는 공통점-하나님께로 나아감 때문일 것이다. 그렇지만 이에 대해 신약 교회를 대표하는 바울의 입장은 명확하다. 몸으로 드리는 예배가 신약에서 드리는 예배의 본질이다. 롬 12:1-2 사실, 레위기 제사 역시 몸으로 드리는 예배이다. 예물을 드리지만 예물은 전부 태워지거나 번제, 일부를 태우고 나머지는 제사장의 몫이 된다소제, 화목제, 속죄제, 속건제는 점에서, 하나님이 받으시는 것은 제물이 아니라 제물을 드리는 예배자 자신임을 알 수 있기 때문이다.

목사는 거룩하며 하나님께 드린 예물은 목사의 것이다?

제사장이 포함된 레위 지파는 땅을 기업으로 받지 않았다. 그래서 각 지파가 받은 땅 가운데 레위 지파를 위해 그들이 살 수 있는 성읍을 주도록 되었다. 아울러 제사에서 드려진 제물과 십일조가 제사장과 레위 지파를 위한 양식이 되었다. 목회자가 따로 직업을 가지지 않고 교회 일에 전념한다는 점에서 목회자와 기업이 없는 제사장은 흡사하다. 그러나 이러한 양상은 어떤 단체이건 그 단체의 일에 전념하고 있는 이들 흔히 '간사'라고 불리는 이들에게서도 나타난다. 그렇다고 우리가 이들을 구약 제사장과 같다 하지는 않는다. 목회자는 제사장에 비유하면서 단체의 풀타임full-time 사역자를 가리켜 제사장과 같다 하지 않는 데에는, 교회 일이 아닌 일상의 직업을 거룩한 삶의 영역으로 여기지 않되 목회자가 되는 것을 특별하다고 여기는 사고방식의 결과일 뿐이다. 제사장과 레위 지파라서 목회자가 다른 직업을 가지지 않고 오직 '하나님이 주시는 것'만을 받고 살아가는 것이 아니라, 교회의 일에 전념하기로 한 풀타임 사역자이기에 그는 교회 공동체로부터 지원을 받는 것이다. 그 점에서 신앙을 지닌 채 일반 단체의 풀타임 간사로 일하는 이나 지역교회의 풀타임 목사는 근본적으로 아무런 차이가 없을 것이다. 둘 다 자신의 삶의 영역에서 다른 직업을 가지지 않고 그 일에 자신의 삶을 드리기로 한 이들이다. 당연히 단체의 간사가 그 단체에 들어오는 후원금이나 재정을 자신 마음대로 주무를 수 없듯이, 교회 공동체의 담임 목사가 교회 재정을 마음대로 사용할 수 없을 것이다.

목사직의 세습도 가능하다?

여기서 목회직의 세습은 목회자의 자녀가 목회자가 되는 것을 가리키지 않고, 지역 교회의 담임 목회자 자녀가 그 교회의 담임으로 부임하게 된 경우를 가리킨다. 아직도 여전히 이러한 상황을 제사장의 세습에 견주기도 한다는 것이 문제이다. 이러한 이해는 구약에 대한 편협한 문자적 이해에 기반해 신약 교회를 구약의 성전과 동일시하는 데에서 비롯된다. 앞에서 살펴보았듯이, 구약 시대에서조차도 제사장의 권위는 그렇지 않았고, 구약 제사 역시 제사장 중심적이지 않았음에도, 이 부분은 제대로 고려하지 않은 채 구약 제도와 신약 교회를 동일시하며, 사실상 교회와 목회자를 신성시한다. 이에 대해서는 이미 충분히 논의들이 진행되었으니, 탐욕스러운 욕망의 발현이라는 말 외에 추가적인 언급이 필요치 않을 것이다.

결론: 목사는 제사장이 아니다

목사는 제사장이지 않다. 제사장과 비슷한 기능이 있을 뿐, 신약 교회의 목회자는 구약 성전의 제사장일 수 없다. 그럼에도 오늘날 교회에서는 목회자가 제사장에 비견되며 거룩을 독점한다. 하나님은 일상의 거룩으로 그 백성을 부르셨으나, 우리네 교회는 도리어 거룩을 목회자에게 집중시키면서 일상의 거룩이 사라져 버리고 직분의 거룩만이 남게 된다. 그래서 목사의 삶도 파괴되고 교우들의 삶도 파괴된다.

우리 안에 끊임없이 일어나는 목회자에 대한 착각은 다른 교우들과 달리 목회자들에게서 볼 수 있는 '헌신'에서 비롯된 것이기도 했다. 특히 한국 교회 초기에 이러한 헌신된 전문 사역자들의 활동이 아주 중요한 역할을 했다. 그들은 자신들을 부르신 하나님을 깨달았고, 자신의 삶 전체를 교회 사역에 헌신했다. 그들의 수고와 섬김을 통해 교우들의 믿음이 자라가면서, 그들에 대한 특별한 인식을 가지게 했다. 말씀을 전하는 자들에 대한 특별한 존경이 있는가 하면, 그만큼 헌신하지 못하는 자신의 삶을 비교하면서, 대부분의 그리스도인들은 주님께 헌신하여 전적으로 쓰임 받는 삶에 대한 한편으로의 동경과 한편으로의 열등감을 겹쳐 가지게 되었다고 볼 수 있다. 목회자의 '헌신' 자체는 전혀 나쁘지 않은 것이지만 자신과 교회 공동체에 은근히 퍼진 이러한 생각이 가져온 끔찍한 결과는, 목회자만이 헌신된 삶이고 평신도는 그렇지 않다는 식의 생각을 편만하게 했다는 점이다. 목사들은 자신들의 헌신의 신학화와 영적 가치 부여를 위해 주의 종 논리가 필요했고, 교인들은 자신들의 적당한 순종을 정당화하기 위해 역시 목사는 주의 종이라는 논리가 필요했다. 모든 이가 제사장이라면 모두 자신을 주님께 드려야 한다는 점이 명료해진다는 점을 다들 알고 있는 것이다. 이를 생각하면, 결국 주의 종 논리는 한 사람의 헌신과 다수의 책임전가를 위해 서로의 필요가 맞아 떨어진 것이다.

그런 점에서 하나님 백성의 삶을 제사장과 평신도 혹은 목회자와 평신도로 나누어 버려, 무엇인가 거룩한 삶으로의 헌신을 목회자의 것인 양 만들고 목회자가 아닌 교우들은 그보다 덜 헌신된 삶을 살아도 되는 것으로 만들어 버린 것은 성경의 가장 핵심적이고 근본적인 원리를 혼탁하게 만들어 버린 가장 끔찍한 오류라고 해야 할 것이다. 이것이야말로 하나님 나라를 방해하고 대적하는 사탄의 최고 술책이라고 해야 할 것이다. 이를 생각하면, 기독교 교회에서 이러한 성직주의 문제가 발생하는 것은 스스로를 성직으로 여기는 목회자 집단의 은폐된 욕망과, 목사 집단을 성직으로 부르고 대접하면서 흔히 말하는 '십자가의 길'을 목회자 집단에 떠넘기고 거룩한 일상으로의 부르심을 모면하려는 비목회자 집단의 욕망이 들어맞은 결과일 수 있다.

중재자

이상의 논의가 목회자라는 직분 혹은 직제 자체가 불필요함을 말하지 않는다. 신약 교회에도 일찍부터 이러 저러한 직분이 존재했고, 오늘의 교회에도 목회자를 비롯한 여러 직분들이 존재한다. 목사를 제사장으로 여기며 부당한 권위와 특권을 부여하는 것이 도무지 성경에 합치되지 않는다는 점을 보았거니와, 신앙 공동체 내에 이러 저러한 중재자 혹은 리더 역할을 하는 이가 존재한다는 것 자체를 부당한 것으로 여길 수는 없을 것이다.

먼저 기억해둘 것은 우리네 교회에 존재하는 목회자가 구약 시대에 이런 저런 중재자가 존재했기 때문에 이를 이어받기 위해 생겨난 것이 아니라 철저하게 교회의 필요 때문에 생겨났다는 점이다. 구약 성경의 가르침을 따르느라 목회자 집단이 형성된 것이 아니라 신앙 공동체의 필요 때문에 이러한 집단이 형성되었다는 것이다. 목회자는 공동체 내에서 특정한 일에 집중한다. 그 특정한 일은 설교와 심방, 교육, 전체 공동체를 이끌어가는 행정 등을 생각해볼 수 있다. 목회자가 교회를 개척하는 것이 오늘 대부분의 현실이지만, 원칙적으로 목회자는 공동체의 필요의 결과이다. 목사로 부름 받은 이가 있고, 그를 위해 공동체가 필요한 것이 아니라, 공동체가 있고 공동체의 필요 때문에 어떤 사역자가 필요한 것이다. 행정을 제대로 꾸려가는 것이 필요할 때, 교회는 이 일을 담당할 목회자를 초빙할 것이며, 교육 부서에 필요가 있을 때, 이를 담당할 목회자를 초빙하는 데에서 이 점은 확실히 드러난다. 이러한 필요를 담당할 사람에게는 성경을 가르치고 설교하는 것이 필요하고 이를 위해 일정한 훈련을 받았다는 것이 확인되어야 한다. 신학교를 나와야 안수 받아 목회자가 된다는 것은 교회 공동체의 필요를 채우기 위해 일정한 신학 훈련을 받았어야 한다는 것이 본질일 것이다.

아울러 교회 공동체의 필요를 채우는 이들이 신학 훈련을 받은 목회자만이지는 않을 것이다. 여기에는 집사나 권사, 장로로 불리는 직분에 세워진 자들도 포함된다. 원칙적으로, 목회자만이 아니라 교회 공동체의 필요를 위해 세워진 이들에게 모두 일정한 신학 훈련이 필요할 것이다. 다시 한번, 신학 훈련은 안수 받은 목회자가 되게 하는 것이 아니라 교회 공동체의 필요를 위한 것임을 기억해야 할 것이다.

이 점을 염두에 두면서, 구약에 등장하는 중재적인 직분들에 대해 살펴보도록 하자. 사실 구약의 중재직과 목회자가 비교되는 점 가운데 하나는 기름 부음과 안수일 것이다. 구약의 기름 부음이 특정한 일을 위하여 따로 세움을 나타낸다는 점을 고려할 때, 가령 사 61:1; 안수하여 세운 경우로는 민 27:18-23 여호수아 신약 교회의 안수가 바로 그러한 기능을 한다고 볼 수 있다. 가령 행 13:1-3 그러므로 기름 부음과 안수는 신앙 공동체의 필요에 따른 일꾼을 세운다는 의미이지, 목회자를 세운다는 것이 그 본질적인 의미이지는 않을 것이다. 구약 시대에 기름 부어 세워진 직분으로는 왕과 제사장, 예언자를 들 수 있다. 이러한 직분들을 중심으로 구약의 중재직과 오늘의 목회자를 비교해 보도록 하자.

사사/ 왕

사사라는 잘 쓰이지 않는 말로 번역된 히브리말의 원래 의미는 '재판관'이다. 그렇다고 해서 사사가 오직 재판 업무만을 한다는 것을 의미하지는 않는다. 고대 세계에서 지도자에 해당하는 이들이 맡아야 하는 가장 근본적인 직무가 재판이었다는 점에서 '재판관'이 실제로 의미하는 것은 '지도자'라고 할 수 있을 것이다. 광야 시절 모세의 주된 업무가 재판이었다는 점,출 18:13-16 이제 막 왕위에 오른 솔로몬이 자신이 감당해야 할 재판으로 인해 두려워하였다는 점,왕상 3:6-9 르무엘 왕의 어머니가 아들인 왕에게 하는 권면의 중심에 재판이 있다는 점,잠 31:4-9 한 도시를 다스리는 불의한 재판장에 대한 비유눅 18:1-8 등은 재판과 지도자 혹은 왕의 밀접한 연관을 잘 보여준다. 마침내 하나님께서 온 땅에 임하실 때 그는 세상을 재판하실 것이다. 마 25:31-46; 계 20:11-15

오늘날 교회에서 목사가 교인들을 돌아보고 돕는 것과 연관하여 '목자'라는 표현이 쓰이기도 한다. 그런데 구약에서 '목자'는 대체로 정치적인 지도자를 가리킬 때 사용된다. 다음의 구절들은 이 점을 또렷이 보여준다.

"전에 곧 사울이 우리의 왕이 되었을 때에도 이스라엘을 거느려 출입하게 하신 분은 왕이시었고 여호와께서도 왕에게 말씀하시기를 네가 내 백성 이스라엘의 목자가 되며 네가 이스라엘의 주권자가 되리라 하셨나이다 하니라"(삼하 5:2)

"고레스에 대하여는 이르기를 내 목자라 그가 나의 모든 기쁨을 성취하리라 하며 예루살렘에 대하여는 이르기를 중건되리라 하며 성전에 대하여는 네 기초가 놓여지리라 하는 자니라"(사 44:28; 그 외에 정치적 지도자로서 목자에 대한 언급들로는 왕상 22:17; 대상 17:6; 렘 3:15; 22:22; 51:23; 특히 겔 34장; 슥 10:2; 11:16,17; 또한 계 2:27; 12:5; 19:15 등이 있다).

목자이신 하나님을 매우 사적인 경건의 경지와 연관시켜 상상하는 경향과는 달리, 이 단어의 실제 용례를 볼 때 목자로서의 여호와는 이스라엘의 참된 왕으로서의 하나님을 가리킨다고 볼 수 있다. 그렇게 볼 때, 시편 23편 같은 시는 단순히 아주 개인적인 영역에서 하나님의 채우심을 경험하는 것만을 가리키는 것이 아니라, 이스라엘의 목자, 하나님의 나라를 이루어가시는 하나님께 대한 찬양에 그 핵심이 닿아 있다고 말할 수 있다.

이를 생각하면 이스라엘의 목자인 왕이 해야 할 가장 중요한 것이 무엇인지를 이해하게 된다. 그의 통치는 그의 재판을 통해 현실이 된다. 기본적으로 재판은 억울한 사정이 생겼을 때에 달리 해결할 길이 없는 이들이 호소하는 마지막 방편일 것이다. 그래서 구약 성경은 곳곳에서 왕과 같은 지도자들이 어떻게 재판해야 하는지, 달리 말해 어떻게 통치해야 하는지 명령한다.

"네 하나님 여호와께서 네게 주시는 각 성에서 네 지파를 따라 재판장들과 지도자들을 둘 것이요 그들은 공의로 백성을 재판할 것이니라"(신 16:18)

"하나님이여 주의 판단력을 왕에게 주시고 주의 공의를 왕의 아들에게 주소서 그가 주의 백성을 공의로 재판하며 주의 가난한 자를 정의로 재판하리니"(시 72:1-2)

"너는 말 못하는 자와 모든 고독한 자의 송사를 위하여 입을 열지니라 너는 입을 열어 공의로 재판하여 곤고한 자와 궁핍한 자를 신원할지니라"(잠 31:8-9)

"이르기를 다윗의 왕위에 앉은 유다 왕이여 너와 네 신하와 이 문들로 들어오는 네 백성은 여호와의 말씀을 들을지니라 여호와께서 이와 같이 말씀하시되 너희가 정의와 공의를 행하여 탈취당한 자를 압박하는 자의 손에서 건지고 이방인과 고아와 과부를 압제

하거나 학대하지 말며 이 곳에서 무죄한 피를 흘리지 말라"(렘 22:2-3)

그런 점에서 온 이스라엘을 정의와 공의로 다스린 다윗삼하 8:15은 이스라엘의 목자의 본이라고 할 수 있다. 신약 교회의 목회자를 일러 '목자'라고 표현할 때, 이 호칭이 지도자를 의미한다는 것 그리고 참된 지도력은 억압 받고 고통 당하는 이를 신원하는 것으로 나타난다는 구약에서의 이해를 주목해야 한다. 목회자가 오늘날 교회의 지도력이라고 본다면, 그들에게는 구약의 왕이나 사사, 지도자들이 가지는 역할이 주어져 있다고 할 수 있다. 그것은 탈취당하고 압박과 억압 가운데 놓인 가난한 백성들의 소리에 귀를 기울이며 정의와 공의로 행하는 것이다. 당연히 이러한 사명은 모든 그리스도인들의 사명이기도 하다.

예언자

구약 성경에서 '예언자' 혹은 '선지자'로 번역되는 히브리말 "나비"가 언급되는 최초의 본문은 창세기이다. 아비멜렉이 아브라함의 아내 사라를 취하고자 하였을 때 그의 꿈에 나타나신 하나님은 아브라함이 예언자이니 그가 기도하면 아비멜렉이 죽지 않으리라 일러주신다. 창 20:7 아비멜렉을 대신해서 예언자인 아브라함이 하나님께 아뢰면 하나님께서 아브라함의 말을 들으시고 아비멜렉을 살게 하신다고 할 수 있다. 여기에서 예언자는 다른 사람을 대신해서 하나님께 아뢰는 자라고 할 수 있다. 다음의 출애굽기 구절도 이 점을 잘 보여준다.

"너는 그에게 말하고 그의 입에 할 말을 주라 내가 네 입과 그의 입에 함께 있어서 너희들이 행할 일을 가르치리라 그가 너를 대신하여 백성에게 말할 것이니 그는 네 입을 대신할 것이요 너는 그에게 하나님 같이 되리라"(출 4:15-16)

"여호와께서 모세에게 이르시되 볼지어다 내가 너를 바로에게 신 같이 되게 하였은즉 네 형 아론은 네 대언자("나비")가 되리니"(출 7:1)

바로를 향해 모세가 하고자 하는 말을 아론이 대신 전한다. 이를 가리켜 위 구절은 아론이 '모세의 예언자'가 되었다고 표현하고 있다. 그러므로 여기서 예언자는 누군가를 대신하여 말하는 존재임을 알 수 있다.

흔히 우리는 예언자가 앞 일을 말하는 사람 또는 사회에 대해 비판적인 안목을 가진 사람, 왕에 대해 직언을 불사하는 사람이라는 인상을 가지고 있다. 이러한 인상이 틀린 것이지 않지만, 예언자의 가장 근본적인 직무는 하나님을 대신해서 사람들에게 하나님께서 하실 말씀을 이르는 것이며, 백성을 대신하여 하나님께 백성의 형편과 처지를 아뢰는 것이라고 할 수 있다. 모세는 여호와의 말씀을 먼저 듣고 백성들에게 전하였으며,출 20:18-19 백성들이 모두 죽임 당하게 된 참담한 상황에 봉착하였을 때, 하나님께 백성을 대신하여 아뢰었다. 민 14:13-19 그러므로 모세야말로 구약 예언자의 표준이라고 할 수 있다. 그것이 '모세와 같은 선지자'가 의미하는 바일 것이다.

"내가 그들의 형제 중에서 너와 같은 선지자 하나를 일으키고 내 말을 그 입에 두리니 내가 그에게 명령하는 것을 그가 무리에게 다 말하리라"(신 18:18)

이상을 고려할 때, 예언자는 단순히 왕권에 대한 비판자이지 않다. 예언자는 그에게 주어진 여호와의 말씀을 증거하는 자이다. 만일 그것이 왕권에 대한 비판이라면 당연히 왕이 그 권력을 빙자하여 하나님의 말씀을 떠나고 교만하였기 때문일 것이다. 예언자가 앞 일을 예고한다면, 그것은 미래를 알아 맞추는 것에 초점이 있는 것이 아니라, 현재의 참담한 삶으로 인해 체념하거나 낙담하여 하나님 의지하기를 포기해 버리려는 백성을 향해 여호와께서 앞으로 행하실 영광의 날을 증거하여 끔찍한 현실 속에서도 여호와를 굳게 의지하고 믿음으로 살아가게 하는 데 목적이 있다. 아울러 예언자는 이 땅을 살아가는 사람들의 고통스러운 현실을 붙들고 하나님께서 긍휼히 여겨 주시기를 대신 아뢰는 자이기도 하다.

오늘의 목회자를 포함한 모든 그리스도인은 세상을 향해 하나님의 말씀을 대신 전하는 자라는 점에서, 그리고 온 세상을 대신하여 하나님께 기도하는 자라는 점에서 예언자의 직무를 맡았다. 목회자로 좁혀서 생각을 해보면, 모든 목회자는 마땅히 예언자로서의 이 중요한 직무를 제대로 감당해야 할 것이다. 이것은 해도 되고 안 해도 되는 성격의 일이 아니다. 하나님의 법이 의미하는 바가 무엇인지를 심사숙고하고, 그 법을 떠난 현실에 대해 고발하고 도전하며, 힘겹고 고통스러운 삶을 살고 있는 이들을 향해 하나님께서 약속하시는 영광스러운 미래가 어떠한지를 전해야 한다. 바로를 향해 이스라엘 노예를 해방시키라고 말하지 않는 모세, 나봇의 포도원을 약탈한 아합을 향해 심판을 선포하지 않는 엘리야, 포학과 부르짖음이 가득한 현실 속에서 정의와 공의를 외치지 않는 이사야를 상상할 수 있을까? 말씀을 떠난 현실에 대한 고발이 없는 미래의 희망은 예언자들이 줄기차게 맞서 싸웠던 '거짓 구원', '거짓 평화'일 것이다.

제사장

제사와 연관된 제사장의 직무에 대해서는 앞에서 살펴보았다. 제사장이 해야 할 중요한 직무로 레위기가 제시하는 또 한 가지는, 제사와 연관하여 거룩과 속됨, 정과 부정에 대한 분별하는 일이다.

"너와 네 자손들이 회막에 들어갈 때에는 포도주나 독주를 마시지 말라 그리하여 너희 죽음을 면하라 이는 너희 대대로 지킬 영영한 규례라 그리하여야 너희가 거룩하고 속된 것을 분별하며 부정하고 정한 것을 분별하고 또 나 여호와가 모세를 통하여 모든 규례를 이스라엘 자손에게 가르치리라"(레 10:9-11)

하나님께 부정한 채로 나아올 수는 없다. 그런데 살아가다 보면 의도하지 않았는데 부정에 노출되거나 부정해지는 상황이 발생한다. 모든 이스라엘은 자신의 상태를 잘 점검해야 한다. 이것은 제사장에게만 맡겨둘 것이 아니라 스스로 분별하기도 해야 했다. 그래서 정결에 대한 내용을 다루는 레위기 11-15장에서 나병 환자의 경우를 다루는 13-14장을 제외한 나머지 본문은 모두 모든 이스라엘 자손을 향한 명령이다.

사람이나 옷, 건물에 발생한 나병의 경우 제사장의 역할이 매우 중요했다. 나병이라 여겨지는 증상이 발견되었을 경우 해당 당사자는 즉시 제사장에게 알리고 제사장은 그 사람이나 옷, 건물을 육안으로 확인하여 나병인지 아닌지 판정하고 불확실할 경우 일주일간 경과를 더 지켜본다. 이를 통해 나병임이 확인되었을 경우 사람이라면 부정하다 부정하다 외치고 병 있는 동안 진영 밖에 격리된다. 레 13:45-46 옷이라면 옷을 불사르고, 레 13:52 건물이라면 일단 해당 부분을 빼내고 긁어 내어 새로 바르고 재발하면 집 자체를 허문다. 레 14:33-47 이렇게 나병이 발병한 후 만일 병에서 나았을 경우에도 제사장은 즉시 당사자를 만나 확인하고 정해진 정결 예식을 치르게 한 후 다시 공동체 안으로 복귀하도록 한다. 레 14:1-32

이에서 볼 때, 이스라엘의 제사장은 단지 제사만을 집전하는 사람이 아니라 공동체의 전반적인 보전과 연관된 역할을 하기도 한다는 것을 알 수 있다. 13장은 전염 가능한 피부병에 대해 제사장이 진찰하고 관찰해야 할 것을 지시하고 있다. 여기에 언급되는 병이 오늘날의 한센병이라고 말하기는 어렵지만, 다양한 피부병들을 두루 포괄하는 것으로 보인다. 급성으로 진행되어 확산되는 지경이라면 제사장은 그러한 이들을 격리시켜야 한다. 이러한 병에 걸린 자들은 부정하다고 판정되는데, 여기서의 부정에 대한 규정은 기본적으로 하나님이 거하시는 진을 더럽히지 않기 위한 목적에서 나온 것이다. 그러나 전염을 막고 공동체를 보전하는 것과도 연관된 개념으로 볼 수 있다. 그뿐 아니라 이러한 병으로부터 회복된 사람들을 다시 공동체 안으로 복귀시키는 역할 역시 제사장의 주요한 일 중의 하나이며, 이러한 정결 규례를 거쳐 회복된 환자는 정상적으로 하나님 백성의 일상의 삶의 모든 영역에 종사할 수 있게 된다. 제사장들은 미리 규정된 세밀한 절차를 통해 의학이 그리 발달하지 않은 고대 사회 내에서 공동체를 보호하고 나아가 병에 걸린 개인을 보호한다. 그리고 이러한 세밀한 규정들은 병에 걸린 개인에 대한 지나친 차별과 부당한 격리와 꺼림으로부터 당사자들을 보호하는 역할도 한다.

나병이 구약에서 언급되는 경우 죄와 연관된 경우들이 많다. 미리암의 예민 12:1-15가 그러하고, 탐욕스러웠던 게하시,왕하 5:20-27 제사장의 임무를 침범했던 웃시야의 경우대하 26:16-23가 그러하다. 다윗은 요압을 저주하기를 그의 집에 유출병자와 나병 환자가 끊이지 않게 해 달라 하기도 하였다.삼하 3:29 이러한 예들은 나병에 대한 고대의 인식을 반영하고 있다. 그러나 하나님을 거역하거나 범죄하였을 때 나병에 걸리는 예가 많았다는 것이 모든 나병을 가리켜 죄의 결과로 여기게 만들지는 않는다는 점에 유의해야 할 것이다. 고대의 인식에 비해 레위기의 나병 본문이 놀랄만큼 담담하고 차분하게 병 자체의 처리를 다루고 있다는 점은 매우 인상적이다. 아울러 예수께서 나병 환자들을 고치실 때에 죄를 사하셨다는 말씀을 전혀 하시지 않았다는 점도 유의해야 할 것이다. 마 8:2-4; 막 1:40-44; 눅 5:12-14; 17:12-19 [2] 이에 대해 참으로 우리는 다른 사람을 판단하지 말라는 성경의 말씀에 귀 기울여야 할 것이다.

대부분의 경우 공동체에 어떤 재앙이 생겼을 경우, 나병에 걸린 사람들에게 지나

---

[2] R. Gane, *Leviticus-Numbers*, NIV Application Commentary; Kindle edition, (Zondervan, 2004), 240.

친 공포와 떠넘기기가 실행되기 일쑤였을 것이다. 일종의 희생양을 만들어서 그에게 모든 재앙의 원인을 떠넘기는 것이다. 그 점에서 제사장의 규정과 선포는 그 사회를 건강하고 바르게 지키는 데에 큰 역할을 한다고 볼 수 있다. 이 점은 집에 대한 나병 판정에서도 마찬가지일 것이다. 그 누구도 집에 발생한 나병을 보고 그 집 주인을 향해 수군거리거나 죄 때문이라고 규정할 수 없다. 그러나 그 집 주인 스스로는 자신을 돌아볼 기회가 될 수 있을 것이다. 스스로는 돌아볼지언정 외부는 그의 죄에 대해 무엇이라 규정할 수 없는 것이다. 부정에 대한 이상의 규례들은 부정한 사람들과 그로부터 정함을 받게 되는 사람들에 대한 올바른 대우를 일러준다고 할 수도 있다. 일시적인 부정에 처한 사람은 터부시되거나 배제되지 않는다. 다만 그는 대체로 저녁까지 기다리면 정결이 회복된다. 그리고 나병에 걸렸거나 심상치 않은 유출병에 걸렸다 하더라도 그 병에서 낫게 되면 일정한 정결 과정과 제사를 통해 당사자는 하나님 앞에서 완전히 회복된다. 그래서 이렇게 제사를 드린 이는 이스라엘 공동체 가운데 일원으로 회복된다. 이러한 사람들에 대해 기존의 사람들은 마땅히 아무런 편견이나 선입견 없이 맞아들여야 할 것이다. 그런 점에서 이들이 성소에 나아와 제사를 드리게 되었다는 것 자체가 이 사람들이 온전하게 회복되었음을 상징한다. 예수께서 나병에서 나은 사람들에게 성전에 가서 규정된 예물을 드리게 하신 것도 이러한 맥락에서 이해된다. 마 8:4; 막 1:44; 눅 17:14 제사장과 성전은 회복된 한 사람이 아무런 선입견이나 따돌림 없이 완전하게 공동체로 복귀하도록 보증한다고 할 것이다.

그러나 제사장이 모든 병에 대해 이러한 역할을 하였다고는 볼 수 없다. 레위기의 본문은 오직 나병에 대해서만 제사장의 역할을 규정하고 있다. 그리고 이 경우에도 그 병을 낫게 하는 것과 제사장의 역할은 아무런 연관이 없다. 오직 제사장은 병세의 진전을 진단하여 정과 부정을 결정한다. 이 점에서 오늘날에 흔히 사용하는 '제사장적 목회'는 그 실체가 불분명하다. 힐링 혹은 위로에 힘쓰는 사역을 가리켜 '제사장적 목회'라고 표현하지만, 엄밀히 말해 구약 제사장은 병을 치유하는 사람이지 않다. 오히려 병을 치료하는 이는 예언자들이라고 할 수 있다. 엘리야, 엘리사, 이사야 등이 그 대표적인 예이다. 제사장적 목회라고 할 수 있다면, 그것은 사회에서 부당하게 배제되거나 부당하게 억울한 처지에 놓인 사람들, 따돌림 당하거나 희생양으로 모든 것을 뒤집어쓰게 된 사람들로 제대로 대우 받게 하는 사역이라고 말할 수 있을 것이다. 나아가 목회자뿐 아니라 오늘의 교회는 소외될 수 있는 사람의 가장 든든하고도 의지할 수 있는 버팀목이 되어야 한다. 그것이 제사장적 목회이다. 제사장은 죄 사함을 주는 사람이지도 않다. 이미 제사장에게 나아올 때 그는 자신의 죄를 인정하고 나아왔고 이미 하나님께 사함 받았다. 그렇기에 그는 하나님께 나아와 제사할 수 있다. 제사는 그것을 공식화하는 것이라고 볼 수 있다. 이 부분에서도 제사장이 치료자가 아님을 볼 수 있다.

아울러 레위기에서 뺄 수 없는 규례들은 안식년과 희년 같은 자유와 해방 규례들이다. 예언자들은 이러한 규례가 실천되지 않는 것에 대해 고발하고 탄핵하지만, 제사장들이야말로 율법을 맡았으니 이러한 법이 실행되도록 권면하고 가르치는 일을 맡은 당사자들이다. 율법을 맡은 이가 실제의 개혁을 이루어내는 대표적인 사례가 에스라일 것이다. 예언자들이 불완전한 세상을 고발한다면, 제사장들은 보다 완전한 세상을 형성하도록 직접적으로 가르친다. 이 점에서 제사장들은 '보수적'이다. 그들이 '보수적'인 까닭은 아무리 세상이 바뀌고 힘들어도 여호와의 율법은 여전히 타당하고 현실에 실천하고 적용해야 하는 법이라고 확신하기 때문이다. '보수'는 자신들이 지닌 기득권을 어떻게든 잃지 않으려는 것이 아니라, 오래 전에 쓰여지고 전해진 성경이 오늘날에도 여전히 확고한 하나님 말씀임을 믿는 것이다.

3.4. 서기관 혹은 율법 교사

"그들이 말하기를 오라 우리가 꾀를 내어 예레미야를 치자 제사장에게서 율법이, 지혜로운 자에게서 책략이, 선지자에게서 말씀이 끊어지지 아니할 것이니 오라 우리가 혀로 그를 치고 그의 어떤 말에도 주의하지 말자 하나이다"(렘 18:18)

윗 구절에서 보듯, 구약 시대 중재자들 가운데는 "지혜로운 자"도 있다. 사람들이 지혜자들에게서 얻게 되는 것은 "책략", 쉽게 말하면 충고와 조언이다. 지혜자에게서 나오는 충고와 조언을 모아 놓은 책이 바로 잠언과 전도서, 욥기 같은 책들이라고 할 수 있다. 지혜자들은 사람들이 살아가는 일상 속에 하나님의 손길이 있음을 알려 준다. 잠언에는 삶의 모든 영역이 나타난다. 그래서 지혜자들에게 일상은 하나님과 전혀 분리된 영역이지 않다. 일상은 하나님의 뜻과 질서 가운데 있다. 때로 그 질서가 전혀 작동하지 않아 보일 때, 지혜자들의 회의와 탄식 소리를 욥기와 전도서에서 들을 수 있다.

오늘날의 그리스도인은 지혜의 글을 보면서 삶의 모든 영역이 하나님의 손 안에 있음을 알게 된다. 손쉬운 답으로 풀리지 않는 현실을 만날 때에 탄식하며 부르짖는 것 역시 하나님 앞에 서 있는 이들의 자연스러운 존재라고 할 수 있다. 그리스도인으로서 목회자 역시 이러한 지혜로 그가 속한 공동체의 교우들을 만나고 도울 수 있을 것이다. 교회와 좁은 의미의 선교뿐 아니라, 일상의 모든 영역이 하나님의 영역임을 모든 교우들에게 나누며 일상에서 나온 삶의 지혜를 나누는 것 역시 지혜자의 사역을 오늘에 본 받는 모습이라 할 수 있다.

나라가 멸망하고 페르시아나 헬라 제국의 식민지로 유대 백성이 존재하게 되면서 이스라엘에는 근본적인 변화들이 생겼다. 무엇보다 디아스포라로 살아가는 유대인들이 본토 유대인들보다 많아졌고, 디아스포라 유대인들은 성전과 성전 제사 없이 여호와를 섬기며 살아가야 했다. 디아스포라 유대인들은 회당에 모여서 율법과 예언의 말씀을 읽고 듣고 기도하였다. 이 시기에 이르면 오늘날과 같은 구약 성경이 거의 완성되면서, 회당을 중심으로 한 신앙 생활은 주어진 성경의 해석과 적용에 기반하게 되었다. 나라와 민족이 해체되고 성전이 없으니 가족이 가장 기본적인 단위가 되고 가족을 기반으로 해서 읽어가는 성경이 중요해지고, 성경을 연구하고 풀이하는 이들이 핵심적인 중요성을 지니게 된다. 그래서 제2 성전기 유대 사회에서 부각된 직무는 주어진 율법을 해석하는 서기관 혹은 율법 교사이다.

이 점은 말씀이 신앙의 가장 중심을 차지하고 있는 오늘의 교회에는 익숙한 상황이기도 하다. 목회자를 포함한 모든 그리스도인의 가장 중요한 직무 가운데 하나는 성경을 올바르게 풀이하고 해석하는 것이다. 아울러 교회 공동체에 목회자로 세워진 이는 다른 교우들에 비해 좀 더 집중하여 성경을 풀이하고 가르치는 성경 교사의 역할을 감당해야 한다.

중재직의 구분과 통합

이상에서 보았듯이, 이스라엘의 중재직은 서로 구분된다. 예레미야와 에스겔은 제사장이면서 예언자로 부름 받았으나, 그들의 사역은 겹치지 않은 것으로 보인다. 그러나 여러 직분이 겹쳐진 이들이 있는데, 모세와 사무엘이 그러하다. 그들은 민족을 이끄는 지도자였으면서 동시에 제사장이었고 예언자이기도 하였다. 모세와 사무엘의 존재는 예외적이라고 해야 할 것이다. 구약 시대에 중재적인 직분은 구분되었다. 제사장은 제사장이고 예언자는 예언자이다.

제2 성전기에 이르러 새로운 미래를 기대하며 그리는 세상은 종종 제사장과 왕의 협력으로 나타난다.

"말하여 이르기를 만군의 여호와께서 이같이 말씀하시되 보라 싹이라 이름하는 사람이 자기 곳에서 돋아나서 여호와의 전을 건축하리라 그가 여호와의 전을 건축하고 영광도 얻고 그 자리에 앉아서 다스릴 것이요 또 제사장이 자기 자리에 있으리니 이 둘 사

이에 평화의 의논이 있으리라 하셨다 하고"(슥 6:12-13; 또한 겔 48장)

싹이라 이름하는 사람을 스룹바벨을 가리킨다. 그래서 위 본문은 다윗의 후손과 제사장이 각각 자기의 자리에 앉아 평화로운 협력으로 이루어지는 앞날을 제시하고 있다.

페르시아 시대 내내 유대 사회는 대제사장이 지도력을 지닌 사회였던 것으로 여겨진다. 유대 사회는 페르시아 제국의 변방에서 "화려한 격리"를 누리면서 자체 공동체를 유지하고 평화로이 존재한 것 같다.[3] 그러나 헬라 제국의 시대가 도래하면서 톨레미 왕조와 셀류커스 왕조 사이의 세력 다툼의 한 가운데에 위치하면서 그러한 평화는 깨어지고 만다. 성전이 짓밟히는 참상 속에서 유대인들은 성전 회복을 위해 싸웠고 마침내 제한적이기는 하지만, 독자적인 나라를 세우게 된다. 그런데 그 과정에서 요나단 마카비를 거쳐 하스모네안 왕조를 개창한 시몬 마카비에 이르러 왕이 대제사장을 겸하게 되었다. 두 직분이 한 사람에 모여 버리는 초유의 사태가 생긴 것이다. 이를 반대한 이들 가운데 어떤 이들은 애굽으로 내려갔을 것이고, 어떤 이들은 유다 광야 지역으로 옮겨서 그들만의 공동체를 형성하기도 하였다.에세네파

왕이 대제사장직도 차지하게 된 하스모네안 왕조의 이야기는 온통 음모와 책략, 정적 제거와 박해 이야기로 가득하다. 두 직분의 결합이 오히려 전체를 변질시켜 버렸다고 말할 수 있을 것이다. 이러한 상황은 오늘날 목회자가 교회에서 너무 많은 것을 주관하며 그 홀로 '왕적인 제사장'이 되어 버린 현실을 돌아보게 한다. 목회자이든 장로이든 적절한 구분과 그를 통한 견제가 필요하다. 그것은 불편하지만 마땅한 것이다. 견제되지 않는 힘은 반드시 부패하기 마련이기 때문이다.

---

3) 허설 생크스, 『고대 이스라엘』, 김유기 옮김, (한국신학연구소, 2005), 332-33.

목회자는 누구인가?

만인이 하나님 나라의 사역자로 부름 받았음을 생각할 때, '성직'이라는 개념이 존재하는 것 자체가 문제일 수도 있다. 모든 그리스도인은 성직으로 부름 받았다는 것이 오늘 개신교 교회의 핵심적인 신앙의 원칙이다. 이와 연관하여 성직을 행하는 이에게 부여된 특권적 지위에 대한 비판이라면 당연히 모든 그리스도인에게 해당된다고 말할 수 있다. 목회자이건 집사나 장로, 권사 혹은 교사이건, 모든 이들은 자신들에게 주어진 직분을 통해 특권적 지위를 누리거나 행사하고 있지는 않은지 돌아보아야 할 것이다.

권위적인 직분을 비판하고 폐지하는 것이 '성직주의' 논의의 목적이지 않다는 점을 유의해야 한다. 그 자리를 없애면 누군가가 그 자리를 대신해서 권위를 행사하기 쉽다. 그래서 중재직의 구분에서 보듯, 한 두 사람에게 여러 직무가 집중되지 않는 상황을 만들어 가는 것이 필요하다. 아합에게 언제나 승리를 말하는 시드기야 같은 예언자와 그 집단왕상 22:11-12 이 있지만, 미가야 같은 단독 예언자들이 등장해서 기존 권위에 거침 없이 도전한다. 이렇게 왕을 향해 직언하는 예언자가 있다. 제사장은 왕도 함부로 다룰 수 없는 제사를 집전한다. 사울과 웃시야 제사장의 오경 선포는 희년 같은 제도를 현실화한다. 다윗 같은 이는 제사장이지 않고 예언자도 아니었다. 그는 그야말로 세속적 직업이라 할 수 있는 왕이었으되, 그의 이름과 결부된 시편은 여호와 앞에서 살아간 삶을 보여준다. 다윗은 하나님의 사람으로 일상을 살아간다. 시편의 다윗은 기름 부어 세워진 왕의 모습을 떠올리게 하기보다는 하나님이 아니면 살 수 없는 가난한 신앙인을 떠올리게 한다. 그것이 시편에 쓰인 다윗이라는 이름의 의미일 것이다. 이렇게 각자가 자신의 일상에서 그 직무를 감당하며 살아간다.

모든 그리스도인이 성직이되, 각자가 공동체 안에서 각각 다른 기능과 직무를 감당하는 기능적 분업이 필수적이다. 목회직이 성직인 것이 아니라 모든 일이 성직이니, 신앙 공동체에 속한 하나님의 온 백성의 일상이 성직의 현장이요, 거룩을 회복해야 할 현장이다. 이것이 되지 않는다면 필수적으로 우리는 목회자 중심적일 수밖에 없고, 목회자가 없는 공동체는 또 다른 권위를 신성시하는 것으로 나타날 수밖에 없을 것이다.

중재자는 왜 필요할까? 그들의 존재 이유는 무엇인가? 구약 시대에 존재했던 왕과 예언자, 제사장, 서기관 같은 직분들을 볼 때, 이 모든 직분의 공통점이자 이러한 직분들의 유일한 존재 이유는 공동체를 섬기는 것이다. 공동체 안에 약하고 가난한 이를 돕고 지탱하여 삶을 살아가게 하는 것이다. 이를 위해 중재자가 존재한다. 그들에게 주어진 어떤 권한이든 직무이든 유일한 이유는 공동체를 섬김에 있다. 그 어떤 직무도 군림하거나 지배하는 직무이지 않다.

모세와 사무엘에게 직분이 중첩되었다지만, 그렇게 모든 직분이 중첩된 가장 중요한 분은 다름아닌 예수 그리스도이다. 그는 왕이시며 제사장이고 예언자이다. 그러나 주님은 섬김을 받으러 오시지 않고 섬기러 오셨으며, 고난과 십자가를 통해 이를 증거하셨다. 예수 안에서 구약이 성취되었다. 마 5:17 예수께서 가신 길은 우리가 걸어갈 길의 본이다. 벧전 2:21 왕이요 제사장, 예언자는 예수 그리스도를 구주로 고백하는 모든 그리스도인이다. 예수께서는 그 모든 영광을 지니신 분이시되, 섬김을 받지 않으시고 섬기셨고 죽으셨다. 그것이 그리스도인의 본이다. 직분은 철저하게 섬김을 위한 것이지 일체의 서열도 권위도 아니다.

마지막으로 소명에 대해 간략히 언급할 필요가 있다. 목회자로 자신을 드리게 되는 것은 자신을 목회자로 부르신 하나님 경험에서 비롯되는 경우가 많다. 목회자가 자신의 직무를 하나님의 부르심이라는 소명에서 시작하는 것은 문제가 없을 것이다. 문제는 자신의 소명에 대한 확신으로 인해 다른 이들의 비판이나 공격을 불편해 하면서 받아들이기 어려워진다는 점, 그리고 특별한 소명 경험이 자신의 직무에 부당한 후광을 덧입히게 된다는 점이다. 구약의 많은 이들이 하나님의 부르심을 경험하였으나 끝까지 그 길을 가지 않았다. 여로보암과 예후는 그 대표적인 예라고 할 수 있다. 그러므로 우리는 소명 경험이 목회자를 특별하게 하지 않는다는 점에 유의해야 할 것이다. 많은 사람이 소명을 받았으나 그 길을 끝까지 가지 않았고, 그에 대한 맹렬한 비판을 들어야 했다. 소명이야말로 목회자로 하여금 쉽지 않은 길을 끝까지 가게 만드는 힘일 것이다. 그런데 그 소명이 목회자가 들어야 하는 비판과 문제 제기를 막아 버릴 수 없다. 그 소명이 목회자로 하여금 교회 일에 전권을 행사하게 하지도 않는다. 소명은 공동체를 섬기며 돕는 이 일을 끝까지 감당하게 하는 힘이기 때문이다.

하나님께서 아브라함을 정의와 공의의 삶으로 부르신 것은 당연히 모든 그리스도인을 향한 부르심일 것이다. 모든 그리스도인은 각자의 삶에서 하나님 나라 백성으로 살아가는 거룩한 삶으로 부름 받았다. 이것이 가장 중요한 소명 경험이요 깨달음일 것이다. 그 가운데 목회자는 그러한 거룩한 삶의 일상 가운데 공동체를 위해 말씀을 연구하고 가르치며 때로 공동체 구성원들을 돌보고 섬기는 일을 위해 스스로 자원하였다. 우리를 거룩한 삶으로 부르신 하나님을 굳게 신뢰하며, 일상의 거룩을 살아가는 성도들을 돕기 위해 말씀을 연구하고 가르치는 목회자는 일상을 거룩으로 살아가는 교우들과 더불어 하나님의 거룩한 사역자이다.

3장

오늘의 목사직,
어디로 가고 있는가?

김동춘

오늘의 목사직,
어디로 가고 있는가?

김동춘

한국교회의 위기는 목사직의 위기이다.

오늘날 한국 개신교는 최악의 상황에 직면해 있다. 적어도 90년대 까지 한국교회는 세계선교 역사상 유례없는 성장으로 피선교국에서 선교국가로 급부상하여 세계 10대 교회의 절반을 보유한 기독교요, 신앙생활은 가장 열정적이며, 교회봉사는 가장 헌신적인 기독교로 소개되던 시절이 있었다. 그러나 어느덧 한국교회는 정체기를 맞이하였고, 개신교에서 천주교로 개종하는 흐름이 감지되었고, 더 나아가 그리스도 신앙은 포기하지 않지만, 교회 출석은 하지 않는, 소위 '가나안 성도'[1]가 한국교회의 이상징후로 관찰되어 논의중에 있으며, 급기야 개신교의 침체기를 말하기에 이르렀고, 한국교회의 미래는 상당히 비관적이라는 전망을 던져주고 있다.[2] 실제로 합동 교단의 목회자들에게 현재 한국 사회에서 교회에 대한 신뢰도를 묻는 설문에서

---

1) 양희송, 『가나안 성도 교회 밖 신앙』 (서울: 포이에마, 2014), 15-53.
2) 최윤식, 『한국교회와 미래 지도 2』 (서울: 생명의말씀사, 2015).

교단 목회자들조차 3.2%만이 긍정적이라는 답을 내놓았을 뿐이다.[3] 이 응답이 평신도가 아니라 한국교회의 실정을 누구보다 잘 인식하고 있는 목회자들이 그렇게 진단하고 있다는 것은 목사들 스스로 한국교회의 위기의식을 심각하게 느끼고 있다는 것을 보여준다.

　단언컨대 한국 개신교의 위기는 곧 목사직의 위기이다. 교회의 사회적 신뢰지수가 급격히 전락하고 있고, 교회의 현실과 미래는 절망적이라는 비관적인 결과가 보여주는 그 원인에는 목사직의 위기에서 찾아야 한다. 그렇다면 과연 목사직의 위기란 도대체 무엇을 말하는 것일까?

오늘의 목사직의 위기, 어디에서 오는가?

　언제나 위기는 동시대 집단이 보유해 왔던 공유적 가치와 전통의 기반, 그리고 축적된 업적이 붕괴될 때 시작된다. 오늘의 개신교 목사직의 위기는 이러한 측면들을 유의깊게 관찰되면서 접근해야 한다. 예를 들어 최근 가톨릭교회가 눈에 띄게 성장세를 타고 있고, 대중 신자들에게 호감과 신뢰도를 보유하고 있는 이유는 세속주의가 널리 유포되고 있는 사회안에서 가톨릭 교회의 전통적 기반, 즉 '성례전적으로 짜여진 성스러움의 구조'를 훼손하지 않으면서 가톨릭신앙을 현대화하는 쇄신작업과 타종교에 대한 포용적 태도를 보여주면서 배타적 종교 이미지를 상쇄했기 때문이다. 그에 반해 최근의 개신교 신자들의 이탈 현상이나 메가처치의 붕괴 현상은 그동안 개신교가 쌓아 올린 교회적 기반들이 위기앞에서 와해되고 있는 것을 보여주고 있다.

　오늘의 개신교 위기를 목사직의 위기라고 할 때, 그것은 다음 3가지 위기에서 비롯된다고 본다. 1. 목사들의 거룩성 상실과 도덕적 퇴락. 2. 목사직에 대한 전통적 관

---

[3] 송상원, "한국교회 신뢰도", 「기독신문」 (2015. 2. 26).

점의 변화. 3. 사회 변동기에 따른 목사직의 이해의 변화가 바로 그것들이다.

I. 오늘의 목사직의 위기: 도덕적 퇴락상과 성스러움의 의미상실

괴물이거나 속물이 된 목사

현대인들은 세속적인 일상을 살면서도 일상을 뛰어넘는 초월을 갈망한다. 그들은 성직자들의 경건과 삶을 통해 거룩의 실재를 만나고자 한다. 그러나 목사의 삶과 행실에서 종교적 거룩을 찾지 못할 때 그 종교에 대한 신뢰를 거두어 버린다. 한국개신교의 일차적인 위기는 목사들에게서 '성직자다운' 거룩성과 경건성을 보여주지 못하는 데에 있다. 개신교 목사들에게 발견되는 불미스러운 비리와 추악한 스캔들은 종교인 이전에 차라리 사회 일반의 평균치의 도덕 수준에도 미달되고 있음을 보여주고 있다. 슬프게도 오늘의 목사들은 파렴치한이거나 동네 개만도 못한 존재로 취급당하고 있다 해도 지나친 말은 아니다.

그 실례로 수많은 교회 청년들에게 고지론을 설파하면서 그들을 열광하게 했고, 수십권의 설교집을 출간하여 젊은 신학생들에게 거짓된 목회 야망을 심어주었던 한 목회자는 청년 자매들에게 온갖 추잡한 성추행을 저지르고서도 공적인 사죄 표명도 없이 젊은이들의 중심부인 홍대 근처에서 보란 듯이 교회를 개척하였는데, 가관인 것은 성 중독증 sexual addict이 의심되는 괴물목사를 여전히 환호하면서 그 교회로 몰려오고 있다는 것이다. 한국교회에서 소위 '뜬다' 하는 스타목사는 어느새 괴물로 변신했고, 그 괴물목사는 또 다른 기형적인 믿음을 지닌 기괴한 그리스도인을 양산하고 있는 것이다.

뿐만 아니라 '평신도를 깨우는' 제자훈련의 상징이던 강남의 한 교회는 강남 한복판 금싸라기 땅에 마천루처럼 웅장한 건축을 감행하면서도 정작 목회자 자신은 학위논문 표절과 온갖 불투명한 의혹이 제기됨에도 불구하고 천문학적 규모의 예산을

투입하여 기어코 초대형 교회 건축을 마무리하여 메가처치의 욕망을 고스란히 드러 내었으며, 쉴새없는 의혹들이 불거져 나오지만, 여전히 강단에서 그 특유의 제스처로 찬양하면서 '하나님이 다 하셨다'고 설교하면서 목회직을 유지하고 있다. 이 교회 역시 담임목사의 숱한 부정직함과 비리와 의혹이 진동함에도 불구하고 저들이 만들어 낸 괴물 그리스도인들은 주일마다 꾸역꾸역 교회로 몰려오고 있는 것이다.

단일교회로는 세계 최대 규모를 자랑하는 여의도 순복음 교회의 설립자는 성추문과 재정의 사유화 의혹으로 그가 이룩한 교회성장의 신화는 붕괴의 과정중에 있다. 그야말로 지금의 한국개신교의 메가처치의 신화들은 폭격맞은 건물처럼 순식간에 붕괴되고 있는 시점에 접어들었다. 이제 한국교회의 자랑거리였던 제자훈련의 신화가 무너졌으며, '믿는 자에게 능치 못함이 없다'고 일갈했던 적극적 사고방식의 순복음 신화도 무너졌으며, 다른 유사 신화들이 붕괴되고 있는 중이다. 지금까지 한국교회를 떠받치고 있다고 믿었던 상징 신화들(메거처치, 스타목사)이 여지없이 붕괴되고 있는 중이다. 그동안 쌓아 올라간 한국교회와 목사들의 신화적 존재감이 이렇게 순식간에 무너질 줄 누가 알았겠는가?

약탈적 인간이 된 목사, 먹사로 불리우는 목사

목사직의 퇴락상은 세간에서 유행하는 상징 언어에서 고스란히 나타나고 있다. 오늘날 목사는 '먹사'로 불리워지고 있다. 왜 하필 먹사일까? 먹사란 목사를 비하하는 말로 소명감에 따라 목회하지 않고 무엇이든지 먹어치우는 약탈적 목사를 상징한다. 목사란 본래 종교적 경건성과 청빈의 삶을 추구하면서, 언어와 행실에서 진실과 도덕성을 보여주어야 한다. 그러나 '먹사 목사'는 오로지 교인들로부터 각종 선물과 향응으로 대접받기를 즐겨하고, 성도들의 헌신도와 충성심을 헌금과 재물로 맞바꾸어 수탈하기에 능하며, 순수한 마음으로 찾아오는 여성 교인들을 육체적으로 겁간하기를 서슴지 않는 인간들이다. '먹사 목사에게 나타나는 공통된 징후는 교인들로부터 식사, 선물, 물질을 받아먹기를 즐겨하는 것과, 부동산을 늘리는 일에 눈이 멀어 있는 것과, 교인을 성적 욕망의 대상으로 취급한다는 것이다. 먹사 목사들은 교인들의 영혼에는 관심이 없이, 그저 자기만족과 끝없는 탐욕을 추구하며 살아간다. 한국교회 목사의 위기는 바로 여기에 있다.

교인들에게 헌신을 요구하는 이면에는 목사들의 약탈적 동기도 숨겨있을 수 있다. 목사에게 교인들은 일종의 약탈대상이 되었는지 모른다. 교회개척을 명분으로 접촉했던 교인들을 하나 둘 모아서 세상에 둘도 없는 교회를 세운다고 했지만, 어떤 경우에는 하나님의 영광을 위한다기보다 목사 자신의 목회적 야망을 달성하기 위한 이용대상이요, 목적 수단으로 삼지 않았는지 반성할 일이다. 평신도를 깨워 교회의 주체로 세운다고 했지만, 정작 제자훈련 프로그램을 통해 언제 한번 평신도가 교회의 어엿한 주체가 된 적이 있었는가?

오늘날 한국사회는 급격한 세속화 과정을 거치면서 전통사회로부터 근대화 사회로 변동을 경험했다. 이 과정에서 한국 개신교회는 서구문화를 전달하는 주도적인 통로 역할을 담당했고, 그 결과 사회발전에 지대한 영향력을 끼쳤다. 동시에 개신교는 구한말 백성들에게 전통종교에서 새로운 종교적 안주처가 됨으로써 사회변동기의 민중들에게 도덕규범의 기준점이 되었으며, 국가발전과 문화의 진보에 긍정적인 기여를 담당하였다. 그러나 오늘의 개신교 교회와 목사들은 더 이상 사회의 진보에 순기능적 집단이 되지 못하고, 오히려 사익적 영리집단이 있거나, 아니면 도덕적으로는 매우 불량한 퇴행적 집단으로 인식되고 있다는 점은 정말 우려할만한 수준이다.

II. 오늘의 목사직, 어디로 가고 있는가?: 목사직에 대한 관점의 변화

성별된 목사직에서 '동등 제자직'으로서 목사직

변화하는 목사직과 불변하는 목사직

이제 우리는 다음과 같이 묻고자 한다. 베드로가 물었다던 '주여, 어디로 가시나이까'쿼바디스 도미네를 '한국교회여, 어디로 가고 있는가'라고 질문하고자 하며, 그리고 그 질문을 '오늘의 목사직은 어디로 가고 있는가'라고 재차 묻고자 한다. 오늘의 목사직의 병폐와 문제점을 분석함에 있어서 '초대교회로 돌아가자', '성경으로 돌아가자' 라는 일회성 구호는 적절하지 않다. 오늘의 목사는 어제의 목사와는 다른 환경에 처해 있다. 우리는 오늘의 목사들이 처한 변화된 시대 환경적 정황을 대면해야 한다. 지금의 목사들이 서있는 사회 환경적 자리를 간과한 채 목사직의 본질이니 전통적인 목사상만을 회고조로 반복하는 것은 문제해결에 도움이 되지 않는다. 그러나 또한 변화하는 시대 상황속에서도 변하지 않는 목사직의 근본적인 소임이 있다. 우리는 이 점을 놓쳐서는 안될 것이다. 우리는 여기서 변화하는 시대상황속에서 변화하지 않는 목사직의 본질과 본뜻을 다시 한번 확인하고자 한다.

목사직이란 무엇인가?[4]

평신도직이 재발견되고 있는 오늘의 상황에서 전통적인 목사직은 퇴색하고

---

4) 칼빈이 이해하는 목사는 "주로 말씀을 설교하고, 가르치며, 세례와 성만찬을 집례하고, 교회 전체를 감독"하는 직능이라면, "장로직은 주로 치리와 권징에 참여하는 직능이다". 이형기, "칼빈신학에 있어서 목사직과 장로직, 「교회와 신학」 제55호(2003), 30. 임택진목사는 '목사직이 무엇인가?'라는 질문에서 목사란 목회자(엡 4:11)이며, 하나님의 부르심을 받아 그리스도의 양무리를 돌보게 하기 위해(딤전 3:1), 하나님께서 세우신 직(職)이며, 양무리를 하나님의 말씀으로 가르치며, 권면하는 자(엡 4:11)이며, 모든 교인들에게 모본이 되며, 거역하는 자를 책망하며 각성하게 하여 교회를 잘 다스리는 자라고 설명한다. 임택진, "한국교회의 목사직과 장로직 무엇이 문제인가?: 그 현실과 해법", 「교회와 신학」 제55호(2003), 45-46. 이정숙, "목사는 누구인가?-칼빈의 목사직 이해와 실천", 「한국교회사학회지」 제23집(2008), 231-22.

있다. 여기에서 하나님의 온 백성의 일원에 속한 목사와 평신도가 공유할 수 있는 '동등 제자직'으로서 목사직에 대한 새로운 이해가 요청된다.

목사란 누구인가? 여기서 우리는 목사의 직능적 측면을 묻고자 한다. 그러므로 이제 목사직을 '말씀을 선포하고, 세례와 성찬을 집례하며, 권징을 시행하는' 전통적인 의미의 목사직의 정의를 재반복하는 것은 큰 의미가 없다. 오늘날 점점 평신도직의 위상이 새롭게 제기되고 있는 상황에서, 교회안에서 목사직과 평신도직을 위계적으로나 차등적으로 설명하기 어려운 상황에 처했다.[5] 오늘의 목사직은 가톨릭 교회의 위계적 교회관에 근거한 사도직의 계승의 의미로나, 교회의 교도권敎導權의 의미로나, 안수를 통한 위임직의 의미로나, 성경 전문가이거나 설교사역을 독점하는 직임의 의미로 목사직의 독특성을 설명하기 어려운 상황에 처해있다. 따라서 오늘의 목사직은 목사와 평신도의 구별과 차등을 철폐하고, '하나님의 백성'의 관점과 동등 제자직의 관점에서 설명해야 할 상황을 맞이하고 있다.

첫째, 목사직은 예수 그리스도의 복음을 위해 부름받은 소명직이다.

목사는 모든 그리스도인들과 동등하게 예수 그리스도의 제자로 부름받은 사람이다. 목사와 그리스도인은 '동등 제자직'equal discipleship이다.[6] 목사직은 구약의 제사장에 비견할만한 하나님과 인간의 '중보직'도 아니며, '사제직'도 아니며[7], 세속 직업

---

5) 평신도 신학과 관련한 책으로는, 폴 스티븐스, 『참으로 해방된 평신도』 (서울: IVP, 1995), 『평신도가 사라진 교회』 (서울: IVP, 1997), 『21세기를 위한 평신도 신학』 (서울: IVP, 2001), 핸드릭 크래머, 『평신도 신학』 홍병룡 역, (서울: 아바서원, 2014).
6) 쉬슬러 피오렌자, 『동등자 제자직』 김상분, 황종렬 역, (왜관: 분도, 1997).
7) 그러나 목사를 구약의 제사장과 동일시하여 목사를 '제사장으로서 목사'로 정의하는 희한한 논리가 '바른교회'를 세우려는 세미나 모임에서 구약학자에 의해 발표되었다는 것은 대단히 아이러니한 일이다. 왕대일교수는 구약의 제사장의 위임식을 매우 강조하면서 제사장의 제단에서의 속죄사역을 오늘의 목사직에 의심없이 연결하고 있다. 그리하여 "목사도 제사장입니다. 제사장이어야 합니다"(8), "목사는 사제입니다. 목사도 사제입니다"(11)라고 강력하게 역설한다. 왕대일, "목사로서 제사장, 제사장으로서 목사", in. 바른교회아카데미 자료집, 제17회 바른교회아카데미 연구위원회 세미나, 주제: 다음 세대의 목회직(2014.7.7.-8), 6-14.

과 차단된 의미에서 거룩하게 구별된 '성직'은 더 더욱 아니다. 따라서 소명의 등급상 목사의 소명은 특별한 것이고, 평신도의 소명은 존귀하지 않는 보통의 부르심으로 질서지움으로써 소명의 위계질서를 그려내서는 안된다. 소명은 목사직에게만 주어진 것이 아니라 하나님의 백성이요, 그의 제사장 나라에 속한 그리스도인 모두에게도 주어졌다. 종교개혁의 만인제사장설과 직업소명설의 원리에 따라 목사직으로의 부르심과 제자직으로의 부르심사이에 어떠한 차등이나 우열이 있을 수 없다. 모든 그리스도인은 남성이든 여성이든 성적 차별없이 동등한 제자직이듯, 흑인과 백인 사이, 내국인과 외국인 사이의 인종적 차별이나, 빈부귀천이나 직업적 차별, 그리고 세대간의 간격을 초월하여 그리스도안에서 누구나 차별없는 부르심을 받았다. 이러한 무차별한 소명은 목사직에도 적용되어야 한다. 목사직은 하나님의 온 백성을 향한 전체 소명 가운데 최고의 정점에 위치한 부르심이 아니라 다종다양한 소명 가운데 목회 영역에서의 부르심이며, 목회적 직능으로의 부르심인 것이다. 만일 목사직이 특별하다면, 그것은 그리스도의 종으로 온전히 섬기도록, 그리고 복음을 위해 전적으로 헌신하도록 부름받았다는 의미에서 그렇다고 할 수 있다.

둘째, 목사는 그리스도의 교회를 섬기기 위해 세움받은 전문 봉사직이다.
모든 평신도 목사와 마찬가지로 교회를 섬기는 주님의 일꾼이요, 사역자들이다. 오늘날 평신도 선교사, 혹은 전문인 선교사가 선교현장을 누비고 있다. 목사 안수받지 않은 평신도로서 성경을 잘 가르치는 성경 전문가가 활동하고 있고, 신학교 강의실에도 안수받지 않은 평신도 신학자들이 목사양성 교육자로 사역하고 있다. 그렇다면 이제 엄밀히 말해 그리스도의 일군으로, 혹은 교회를 섬기는 주님의 봉사자라는 점에서 목사나 평신도의 경계는 무너졌다고 해야 할 것이다. 그러나 신학자도 교회를 위한 봉사를 위해 세움받은 직분이지만, 그는 주로 성경과 신학을 전문적으로 연구하고 교육하기 위해 섬기는 직분이라면, 평신도는 직업활동을 가지고 교회를 섬기는 봉사자이지만, 목사의 직임은 그리스도께서 세우신 교회를 책임적으로 지도하고 관리하는 사람으로 세움 받았으며, 이를 위해 그리스도의 지체들인 성도들을 말씀과 선한 삶으로 양육하는 직분이다.

목사직은 이제 전업적으로 그의 전 생애를 교회를 섬기기 위해 헌신한 사람이라 할 수 있다. 물론 모든 평신도가 교회를 섬기는 봉사자이지만, 목사는 전문적인 신학교육 과정을 이수한 후 온전히 교회사역에 힘쓰는 자라고 할 수 있다. 다시 말해 목사, 장로, 교사 등 교회의 모든 직분자들은 동등하게 교회의 봉사자로 각각의 은사에 따라, 직능적으로 세움을 받았다. 그러나 장로는 주로 치리하는 직분자로 교회를 봉사하며 물론 가르치는 장로로 세움받을 수 있다, 교사는 그가 신학자라면 전문적인 신학교육의 영역에서, 그리고 교사라면 교회의 기관에서 가르치며 영혼을 돌보는 봉사를 한다면, 목사는 자신에게 맡겨진 신자들을 성경과 설교를 통해 양육하고, 교인들의 전인격적 삶을 총괄적으로 돌보며, 그들을 안내하고, 지도하면서, 자신에게 맡겨진 교회를 관리하는 직임자라고 할 수 있다.

셋째, 목사는 삶의 모든 영역에서 하나님의 통치를 구현하고, 하나님의 영광과 그 뜻을 구현하기 위해 세계안에서 사회적 봉사직을 수행하며, 세계책임을 수행하도록 세움받은 사회적 제자도직이다.

목사의 직임은 단지 복음전도를 위한 직임만이 아니며, 교회에 국한 된 봉사직의 차원을 넘어 선다. 목사의 섬김은 세상속에서 주님의 뜻을 구현하도록 살아가야 하는 사람이다. 그렇다면 목사를 포함한 모든 그리스도인에게 소명이 있다면, 목사와 평신도 그리스도인의 차이란 무엇인가? 그것은 사역의 기능성과 전문성에 있어서 차이와 구별이 있다고 할 수 있다.

III. 오늘의 목사직, 어디로 가고 있는가?

사회변동기에 따른 목사직 이해의 변화들

'목사란 무엇인가'를 논함에 있어서 우리는 먼저 목사직이 변동기에 처해 있다는 점을 제시하고자 한다. 시대마다 목사직의 개념과 기능은 달라지고 있다. 여기서 본질의 목사직본래 그렇게 되어야 할 목사직과 현실의 목사직실재하는 목사직를 동시에 파악할 때, 타당한 분석과 대안이 도출될 것이다. 본질없는 목사직의 현상을 나열하는 것이나, 현실속의 목사가 아닌 목사직의 본질만을 말하는 것은 모두 합당한 대안을 제시할 수 없을 것이다. 따라서 우리는 '변화하는 시대에서 변함없이 가야할 목사직'을 말하고자 한다.

1. 성속 이원론 시대의 가부장적 목사직

한국교회에서 80년대 이전까지를 성속 이원론 시대라 할 수 있다.[8] 이 시대의 목사직은 '부름받아 나선 이 몸 어디든지 가오리다'란 찬송을 성경 문자주의적으로 적용했다. 그 시대의 목사들은 거적때기를 깔고 천막교회에서 교회를 시작했고, 끼니를 거르거나 죽으로 연명하면서 교회를 세워나갔다. 그 시대의 목사직은 자신들의 전 생애를 주의 종으로 온전히 바치기로 결단하였고, 그래서 목사직은 주님의 특별한 부르심에 따라 살아간다는 확고한 인식이 있었다.

성별된 직분으로서 목사직

성속 이원론 시대의 목사직은 세상직업과 전적으로 성별된 거룩한 직분이라는 인식이 있었다. 그 시대에는 목사직의 소명에 대한 자부심과 성별의식이 유달리 남다

---

8) 한국교회의 신앙사고의 흐름에서 이원론이 지배하던 시대를 80년대까지로 잡고, 이원론이 붕괴되고, 세속화 시대는 80년대부터 시작되었다고 전제하고자 한다.

른 자의식을 지니고 있었다. 한 가정에서 목사가 배출되는 것을 영광으로 알았고, 목사는 특별한 우대를 받던 시절이 있었다. 목사직이 다른 직업에 비해 위계적 우위를 차지할 수 있었던 이유는, 성속이원론이 관철되던 시대에 목사직은 속되고, 땅에 속한, 세상 직업에 비해 존재의 상부구조에 속한, 영의 직분이며, 특별한 부르심의 직분으로 이해되었기 때문이다. 영육 이원론과 성속 이원론이 지배하던 그 시대에 목사직은 하늘에 속한 무흠한 성직聖職이었고, 세속 직업은 죄스러운 활동으로 간주되었다. 그러나 이원론적 세계관에서 세속화의 과정에 진입한 한국교회는 성속 이원론의 사고가 깨어졌으며, 그와 동시에 목사직에 대한 성직주의 사고, 다시 말해 목사직을 성스러운 직분으로 인식하는 사고는 상당 부분 무너지고 말았다.

가부장적 권위의 표상으로서 목사직

그 시대의 신앙관은 또한 율법주의적이었으며, 유교문화적 가부장제가 신앙과 삶의 전반에 작동하던 시대였다. 따라서 성속 이원론 시대의 목사직은 가부장적 목사직이었다. 김창인, 한경직을 대표로 하는 그 시대의 목사들은 목사직이 지니는 가부장적 권위를 바탕으로 교회를 지도해 나갔다. 그 시대의 목사는 교회의 위계상 정점에 서 있었다. 오늘날처럼 목사와 평신도사이의 민주적 평등성은 전혀 고려의 대상이 아니었다. 교회에서 목사는 영적인 어른이요, 영적인 아버지로 이해되었다. 목사와 교인의 관계는 상호주체적 관계가 아니라 나를 영적으로 낳아주고 길러주던 아버지요, 그 밑에서 양육받은 자식의 관계였다. 그래서 교회에서 목사의 불륜이나 비리가 발견되더라도 끈끈한 가부장적 가족주의 형태의 교회구조가 교회쇄신의 장애요인으로 작용하였다. 목사직을 가부장적으로 이해한 그 시대의 목사직은 목사에 대한 권위질서가 요동하지 않고 견고하게 버텨주던 시대였다.

또한 목사는 '주의 종'이었다. 그런데 그 '주의 종' 개념이란 교인을 섬기는 종이 아니라 군림하고 대접받는 역개념으로 사용되었다. 심지어 목사를 '종'이란 호칭도 부족하여 '주의 종님'이라는 우수꽝스러운 극존칭어를 사용하였다. 가부장적 목사직의 시대에는 주의 종을 극진히 대접하는 문화가 널리 유행하였다. 충성된 교인들은 한 번도 타보지 않은 신차를 가장 먼저 목사에게 시승하게 하여 축복기도를 부탁하거나, 분에 넘치는 차車를 목사에게 선물하였으며, 목사들은 그런 차를 제공받은 것을 당연하게 여기던 교회문화가 일반화되었다. 주의 종인 목사의 양복, 목사의 구두, 목사에게 대접하는 식사는 가능한 한 최상의 것으로 대접하는 것이 일상적인 교회문화였다.

주의 종인 목사의 허물은 다윗이 사울에 대해 그렇게 했던 것처럼, 덮어주고 위해서 기도할 뿐이지, 주의 종을 비방하거나 비판하면 그 가정에 저주가 임하고, 화를 면치 못할 것이라는 엄포와 협박이 통하던 시대였다. 그 당시의 교회의 윤리관은 각자의 잘못에 대해 응분의 책임을 지는 책임윤리적 사고가 아니라 성스러운 것을 터부시하는 금기윤리와 징벌적 윤리관이 팽배했던 시기였기에 가능한 것이었다고 할 수 있다.[9]

강단은 주의 종인 목사만이 점유하는 공간이었다. 강단은 주의 종의 입을 통해 하나님의 말씀이 선포되는 성별된 공간이므로 그 누구도 설교를 반박하거나 반론을 제기할 수 없었다. 예배당안에서 강대상의 규모는 엄청나게 컸고, 높은 위치에 세워져 있었다. 대강대상은 안수받은 목사, 장로만이 점유될 수 있었다.

기복시대의 목사직: 축복과 저주를 발휘한 일종의 무당?

기복주의 사고가 창궐하던 시대에 목사직은 영권靈權과 물권物權을 보유하고 있으며, 축복권과 저주권을 발휘할 수 있는 직임으로 생각했다. 기복주의와 가부장

---

9) 그런데 어떤 의미에서 가부장적 목사의 시대에는 대체로 목사직에 대한 엄격주의와 율법주의적 사고가 작용하여 상대적으로 도덕적 추문에 덜 오염되었다고 할 수 있을 것이다.

제가 목사직에 결합한 결과, 신령한 축복이 목사를 통해 강단에서부터 회중으로 흘러넘친다고 생각했다. 영적 가부장이요, 복의 근원자인 목사직은 단지 '설교직, 즉 '말씀선포의 직분'이거나 '성만찬의 집례자'이거나 '교회를 돌보는 목양적인 직분'으로만 인식되지 않았다. 그 시대의 목사는 교인의 가정에 재물의 복과 형통의 복을 베풀기도 하고, 주의 종을 거역하는 자에게 암이나, 교통사고, 급사急死를 당하는 등, 가정과 개인에게 축복과 재앙을 베푸는 영험한 직분으로 각인되었다. 목사들은 자주 강단에서 저주설교와 엄포용 설교로 교인들을 맹종하게 만들었다. 기복시대의 목사들은 '예수 믿으면 복받는다'는 축복권도 남용했지만, '목사를 거역하면 저주받는다'는 저주권을 훨씬 더 자주 남발했는데, 알고 보면 목사에게 허락되지도 않은 저주권이라는 방망이를 휘두르면서 목사의 지위를 강화하고 수호하는 방어수단으로 활용했던 것이다.

2. 개발성장시대와 소비자 종교시대의 성장주의 목사직

개발성장시대가 가져온 교회의 지형 변화

가부장적 목사직의 시대에는 영락교회, 충현교회처럼 서울의 사대문안에 위치한 교회들이 한국교회를 선도하는 주류교회였으나, 70년대부터 불기 시작한 강남 개발시대가 도래하면서 80년대가 되자 교회의 중심권은 강남과 신도시 개발지역으로 이동하였으며, 그와 함께 목사직에 대한 전통적인 인식에 현격한 변화가 일어났다. 강남개발 이전의 가부장적 목사직의 시대에는 교회의 연륜이 오래된 전통적인 교회들이 주도적인 역할을 해왔으나 강남개발 이후, 그리고 수도권의 신도시 개발이 본격화되면서 서울 사대문안의 전통적인 교회의 위상은 쇠퇴한 반면, 개발성장시대를 맞이한 강남식 개발 성장주의 교회들이 등장하기 시작하였다.[10] 개발성장기에 적극적 사고방식을 설교와 교회운영에 접목했던 조용기식의 긍정의 심리학에 토대를 두었던 오순절주의적 목회 패러다임은 장로교, 성결교, 감리교, 침례교 등 교파와 상관없이, 더구나 교단신학적 정체성을 허물어 버리고서 대다수 한국교회 전체 교회의 새로운 목회 유형으로 파급되었음을 주목해야 할 것이다.

한국사회는 전통사회에서 개발성장시대로 이전되는 사회적 변동기에 접어들었다. 박정희 군사정권은 도시의 개발독재를 획일적으로 밀어 붙임으로써 사회전반에 성장신화와 성공신화를 이식하였다. 성장시대의 사회에서는 '느리게 사는 것'이라든가 '느림의 미학'이란 게으름의 상징이었으므로, 신도시 건설이나 아파트 건축, 그리고 부의 축적은 '속도'와 '비약적 발전' 논리가 중시되었다. 강남개발로 부동산이 천정부지로 치솟았고, 자고 일어나 보니 벼락부자가 된 사람들이 생겨났다. 국민들은 정상적인 노동의 결과물이 아닌 땅 투기와 아파트를 사고 팔고 하는 방식으로 큰 돈을 벌어들이는 방법을 터득해 나갔다.

교회성장론 패러다임에 갇힌 목사직

이러한 사회변동의 추이에 발맞추어 한국교회의 목사들에게 미국식 교회성장신학과 논리가 급속도로 도입되었다. 그리하여 '교회성장은 하나님의 뜻이다', '성장하는 교회가 참된 교회의 표지다'라는 도널드 맥가브란Donald A. McGavran의 교회성장론이 목사들에게 이식되기 시작했다. 교회성장 논리는 당시만 해도 한국교회의 모든 목회자들에게 가장 각광받는 목회관으로 자리잡게 되었다. 청교도적 엄격주의의 목회자의 표상으로 각인된 사랑의 교회의 옥한흠목사도 강남 한 복판에서 교회를 개

---

10) 어떤 이는 강남형 신도시 개발지역이 아닌 여타 지역교회들은 여전히 전통적인 교회 패러다임으로 존속되고 있지 않겠냐고 반문할 것이다. 그러나 한 사회안에 주도적인 패러다임이 등장하면 지역과 상관없이 전체 흐름은 새롭게 부상하는 주도적인 패러다임의 흐름안으로 흡수되고 만다.

척하여 한국의 대표적인 메가처치로 급성장시킨 사람으로 일찍이 미국에서 불어닥친 교회성장신학과 논리를 한국교회에 소개한 장본인이다.[11] 그런 점에서 옥한흠목사는 청교도적 엄격주의 윤리가 체화된 개척시대의 가부장적 목사상의 표상기도 하지만, 동시에 개발성장 시대를 대표하는 교회성장주의 목사의 표상이기도 하다. 옥한흠 목사에게 가부장적 목사와 성장주의 목사상이라는 두 종류의 목사상이 겹쳐 있는 것이다. 분명한 것은 한국교회의 정화와 바른 교회상을 설파했던 옥한흠목사조차도 그 자신 스스로 능동적인 교회성장주의자였다는 사실이다. 제자훈련의 이면을 냉정하게 성찰한다면, 제자훈련은 그리스도인의 삶의 갱신과 성숙에는 실패했으며, 단지 교회내 제자양육에 멈추었다는 점을 주목한다면, 그것은 교회성장을 효율적으로 끌어내기 위한 일종의 포드주의적 양육방법론의 하나였다고 말할 수 있다. 그런 점에서 옥한흠의 제자훈련이 오늘의 한국교회에 무엇을 남겼는지 냉정한 평가가 필요할 것이다.

상업적으로 흘러가는 기업교회 목사직

개발성장시대를 경유하면서 목사직의 이미지는 종교적 경건성과 거룩성으로부터 상업적 표상으로 변질되었다. 성장시대의 한국교회는 한 마디로 기업처럼 운영되고 성과를 만들어야 하는 '기업교회'[12]라는 이미지로 달라지게 되었다. 대도시의 상가건물 한 켠에 상가 개척교회들이 비집고 들어서면서, 교회 이미지는 종교적 거룩성을 풍겨내는 성스러움의 공간으로서 이미지는 사라지고, 종교적 상업행위를 위한 물적 공간으로 전락되고 말았다.[13] 교회를 개척한다는 것은 '교회개업'이라는 상업적

---

11) 옥한흠, "교회 성장학", 「신학지남」 41권(1974), 99-102.
12) 김덕영, 『환원근대』, (서울: 길, 2014), 202-204.
13) 개발성장시대의 도래로 목가적인 교회, 즉 교회당이 자리잡고, 그 옆에 사택이 있는 전통적인 교회상은 자취를 감추고 말았다. 상가개척교회가 가장 활발하게 일어났던 개발성장시대는 교회당에 대한 전통적인 이미지를 순식간에 제거했기 때문에 가시적인 교회당의 원형이 사라지고, 교회당 건물이 주었던 종교적 미학도 사라지고

이미지로 귀결되었다. 교회가 길거리 전도를 하거나, 지역민을 위한 초청잔치를 베풀 때라도, 그것을 영혼구원을 위한 복음전도 활동이나 사회봉사활동으로 바라보지 않고 교인을 확보하려는 교회의 종교 영업활동으로 치부되기 일쑤였다. 교인수는 교회의 재정능력을 보여주는 것이 되었으며, 교회를 평가하는 가장 중요한 바로미터는 십일조 교인이 몇 명인가를 따지는 것이며, 이것이 교회의 재정지표를 말해주는 확실한 측량기준이 되고 있다.

개발성장시대는 교회를 종교적 경건과 거룩을 추구하는 구도자들의 모임이 아니라 외형적 크기와 수량을 늘리기에 급급한, 성과와 실적을 중시하는 종교집단이 되도록 했으며, 여기서 신앙인이란 타자의 고통보다 개인의 사적인 구원과 축복에 골몰하는 방향으로 이끌어 가도록 했다. 개신교회의 이런 모습과 대조적으로 교회 본래의 거룩성과 종교성을 보존하고 있다는 긍정적인 이미지는 천주교회에 있다고 생각하면서, 개신교인들의 천주교회로의 유입이 현저하게 증가하였다.

개발성장시대에는 목사들의 관심사가 성장 가능성이 높은 지역을 물색하는데 집중된 탓에 많은 목사들은 부동산에도 관심을 돌리기도 하였으며, 그래서 어떤 경우에는 부동산이 있는 곳에 목사가 있고, 거기에 교회가 있다는 말도 있었다. 부동산 투기가 일반화되고, 개발성장의 열풍은 교회를 성장시키고자 하는 목사들의 의식 내면에도 큰 영향을 끼쳤다. 어느덧 목사들은 부동산업자와 가장 가까운 직업군이 되었다는 말도 있었다. 교회를 개척할 장소를 찾기 위해 개발 전망이 있는 땅을 보러 다니거나 개발계획 정보를 공유하는 일이 목사들안에서 회자되기도 했다.

개발·성장 이데올로기가 목사들의 사고와 의식안에 깊숙이 투영되면서 설교의 내용도 달라졌다. 가부장적 목사 시대에는 율법주의적 설교가 대세였다면, 개발성장

말았다. 물론 전통적인 형식의 교회당이 교회의 본질은 결코 아니지만, 상업적 형태로 우후죽순 생겨난 상가개척교회는 교회를 바라보는 선입견에 부정적인 영향을 끼쳤을 것이라는 점은 부인할 수 없을 것이다.

시대의 설교는 '할 수 있거든이 무슨 말이냐? 믿는 자에게는 불가능이 없다', '믿음안에서 모든 것을 할 수 있다'는 적극적 사고방식positive thinking의 복음과 자아 성취와 성공과 번영의 복음이 유행병처럼 번져나갔다. 이러한 성공과 번영주의 설교는 일부 목사들에 의해 도입되었지만, 성장 이데올로기에 물든 한국교회 목사들에게 교파와 교단을 초월하여 광범위하게 파급되기에 이르렀다.

개발성장시대의 목사들은 교회성장이라는 지표를 건물로 보여주어야 했다. 담임목사로 부임하면 가장 먼저 손을 대는 것은 교회건축이었다. 멀쩡한 교회건물을 부수고 더 크게 건축하기 위해 교인들에게 작정 헌금을 강요하였고, 헌금 액수에 따라 교인들의 신앙 우열을 평가하였고, 이런 과정에서 빚어진 교인들의 심적인 부담과 상처들로 인해 교회를 떠나는 일이 허다했다. 담임목사로서 능력을 교회건축으로 보여주어야 하는 업적중심의 목회는 교회 공동체를 파괴시켰으며, 성도들의 소중한 헌금을 전혀 불필요한 곳에 소비하게 한 것이다. 오늘날 교인수의 감소 현상을 본다면, 앞으로 텅텅 비어있는 무용지물의 교회당의 출현이 예상된다.

소비자 종교시대의 도래

개발성장시대의 목사직은 교회를 상업적인 방향으로 흐르게 했고, 그러한 흐름은 소비자 종교시대를 가져왔다. 종교소비자 시대의 목사직은 권위주의 시대의 가부장적 목사직과 비교할 때, 목사의 위상을 변화시켰다. 가부장 시대의 목사는 교인위에 군림하면서 제왕적 권위를 행사했지만 소비자 종교 시대의 목사는 종교 소비자이며, 고객인 교인을 향해 최상의 종교 서비스를 제공해야 했다. 이제 목사들은 소비자의 욕망을 충족하는데 눈을 돌리게 되었고, 교인은 교회라는 백화점을 찾는 고객이 되었다. 그래서 다양한 상품을 잘 진열한 교회, 교육 시스템, 교회의 다양한 편의 시설이 갖춰진 교회를 만들어 내기에 골몰한 시대였다. 목사직은 점점 CEO형 목사, 기업가형 목사들이 등장하게 되었다.

물화된 욕망의 화신이 된 목사직

개발성장시대의 교회와 목사들은 종교적 초월성을 추구하던 본래의 모습으로부터 자신도 모르게 세속주의적인 물욕의 화신으로 변모해 나갔다. 한국개신교내에 세속화 현상이 도래하고, 종교의 물화화物化化가 기독교인 종교의식 전반을 지배하게 되자, 어느덧 목사직이 추구해야 할 초월성이 사라지게 되었다. 그리하여 목사들의 삶의 방식과 사고방식에도 내면적 경건성 대신 외형적 물욕이 자리잡게 되었으며, 기도와 말씀만으로 목회직이 가능하던 시대에서 학벌과 출신배경, 외모, 자본이 뒷받침되어야 하는 암담한 시대를 맞이하게 되었다. 이러한 외적 조건들을 전혀 무시할 수 없지만, 그것은 분명 목사직의 변질이라고 보아야 할 것이다.

오늘의 목사들은 왜 부패와 타락의 길을 걷게 되었는가? 왜 목사들의 인격은 파산되어 괴물이 되어갔는가? 그것은 개인의 윤리적 자의식과 도덕적 자질의 측면도 있겠지만, 한국개신교 전반에 찾아온 물화된 신앙욕망앞에 목사들이 바른 저항의식을 준비하지 못한 측면이 강했다고 할 수 있다. 앞서 말한 것처럼 초월성을 추구하던 종교관념이 개발성장시대를 맞이하여 어느 사이엔가 목사들의 관념속에 외형적이며 물질적인 성공과 풍요. 번영과 형통의 자의식이 지배하게 되었기 때문이다. 지난 날의 타계적인otherworldly 신앙 관념은 현세적 삶을 부정하도록 하여 물질적인 욕망을 제어하는 순기능을 발휘하였다면[14], 오늘날 구원이란 내세에서 영혼구원과 현세에서 몸의 건강과 물질의 형통을 의미하는 현세지향적 구원관으로 재구성되었고, 팔복처럼 가난한 자들이 복이 있다고 믿음으로 청빈의 삶이 권장되기보다 부요한 삶, '잘되는 나'가 축복의 지표로 인식되었으며, 지난날 교회당에 하나님앞에서 죄인됨을 의

---

14) 물론 그러한 이원론적 세계관은 세상속에서 그리스도의 책임을 외면하는 도피적 신앙을 제공하였다는 비판을 면치 못한다.

식하며 자기 부정의 죄 고백을 하던 몸부림치는 기도는 사라지고, 자아긍정과 자기 행복에 도취된 나르시시즘적 신앙이 팽배하게 되었다. 이러한 전환기적 신앙의식은 목사들에게도 엄습하여 그들 역시 세속적 욕망을 목회현장에서 투영하고자 하였다. 급기야 오늘의 개신교 목사들은 말씀의 종교가 아니라, 자본의 종교를 신봉하고 있다. 개신교 신앙은 돈을 숭배하는 맘몬의 종교가 되었다.

요컨대 한국교회가 성장지상주의의 포로가 되면서, 목사직은 물질 풍요와 번영의 신학의 첨병이 되고 말았다. 성장주의 시대의 근대국가는 '속'俗의 영역에서 '잘살아 보세'라는 국가부흥을 채근하는 계몽적 구호를 외칠 때, 교회 역시 '성'聖의 영역에서 자본주의적 성장신화를 신앙적으로 앞장서 설파하는 주역이 되고 말았다.[15]

4. 종교과잉과 종교부재 시대의 생존형 목사직

오늘날 한국개신교는 엄밀히 말해 '종교없음'[16]이 아니라 '종교과잉'이라고 말해야 옳다. 여전히 교회의 주일은 온통 예배와 예배의 연속으로 진행되고 있다. 개교회의 주중 일정은 예배, 성경공부, 기도회, 제자훈련과정들로 빼곡이 채워져 있다. 교계 TV 채널은 24시간 하루 종일 방송설교와 세미나와 특강 등을 방영하고 있다. 그야말로 설교의 홍수시대를 맞이하고 있지만, 들을만한 설교가 없다고 한다.

오늘날 교회 과잉시대를 살고 있다. 지천에 교회당으로 넘쳐 나고 있다. 도심의 전통적인 교회, 신도시에 우후죽순 건축된 현대식 교회, 도시의 거리마다 건물마다 들어서 있는 상가교회와 지하에 자리잡은 교회, 카페교회, 강당교회, 요양원 교회, 등 이런 교회들을 전부 통계화한다면, 이 땅에는 얼마나 많은 교회들로 가득할까?

---

15) 김덕영, 『환원근대』 194-197.
16) 제임스 에머리 화이트, 『종교없음』 (서울: 베가북스, 2014), 20-51.

여기에 목사 과잉시대다. 그렇게 교회들이 많은데도 교단 신학교, 초교파 신학교, 특수 목적 신학교, 무인가 신학교에서 배출되는 목사의 숫자는 얼마나 많을 것인가? 그에 비해 교회임지는 턱없이 부족하다. 담임목사 후임을 선발하는 청빙 지원서는 엄청난 경쟁가운데 진행되고 있다. 그들에게 교회사역이란 곧 취업을 의미한다. 여기에 소명이나 교역의식은 얼마나 존재할 것인가?

오늘의 목사직은 그 옛날 성별된 소명감으로 충만한 가부장적 개척시대의 목사가 아니며, 개발성장시대처럼 교회개척을 통해 교회성장을 낙관하던 시대가 아니다. 오늘의 목사들은 개척시대의 목사들처럼 가난을 불사하면서, 소명감으로 목회일념을 추구하거나 개발성장시대의 목사들처럼 교인을 동원하고, 물적 토대를 구비하여 교회개척과 교회성장에 의욕으로 가득찬 목사들이 아니다. 오늘의 목사직은 봉사직으로서 목사직이나, 세속과 성별된 목사직이 아니라 '직업으로서 목사직'의 의미가 더 강조되고 있다. 이제 목사직 자체가 처절한 생존현장 한가운데로 내몰리고 있다. 그리하여 오늘의 목사직은 '골목시장 분투기'처럼 생존형 목사직으로 특징화된다. 오늘날 목사의 삶은 그야말로 '살아내는 것'이란 표현으로 압축되고 있다.

그 옛날 목사가 있어야 할 자리는 골방, 심방, 책방이라 했지만, 오늘의 생존형 목사들에게 시급한 자리는 기도원도 아니며, 골방도 아니다. 그 옛날 목사들이 자주 찾은 곳은 기도원이었으며, 거기서 하나님과의 깊은 교제에서 얻은 신령한 은혜와 성령충만을 힘입어 목회직을 수행했으며, 개발성장시대의 목사들은 목회개발훈련과정이나 실용적인 세미나에서 얻은 지식을 동원해 전략적으로 목회직을 수행하려 했다면, 오늘의 목사들은 목회 전문분야의 습득외에도 생계형 아르바이트와 직장생활을 병행하는 방식으로 살아가고 있다. 옛 시대의 목사들은 성도들이 떠다주는 성미誠米만으로 살아가야했지만 오늘의 목사들은 택시운전이나 아르바이트를 하면서 생존현장으로 나가고 있다. 이원론적 세계관을 살아갔던 과거의 목사들은 세속 직업이나 돈벌이를 죄악시 여겼고, 더구나 목사직은 신령한 소명직으로 인식하고 있었기에 가난을 당연시 여기면서 목사직을 수행했다. 그 시대의 목사직은 적어도 목사라면 가난한 삶을 당연하게 생각했고, 물질은 하늘에 쌓아 두는 것이지 이 땅에 쌓는 것이 아니라 생각하여 부의 축재를 금기시했고, 가능한 한 청빈의 삶을 추구하려고 했다. 물론 그것으로 목사 가정의 자녀들이 겪어야할 고통은 이루 말할 수 없을 것이다.

바야흐로 오늘의 목사직은 목사 이중직을 고민하거나 실제로 실행하는 단계에 접어들었다고 보아야 한다. 목사 단일직업으로는 생계유지가 어렵기 때문에 하프타임의 목사직과 남은 시간을 생계활동에 뛰어들고 있는 것은 거의 일반화된 풍습이 되었다.

오늘의 개척교회는 개척교회 구성 자체가 어려워 가족과 친족 중심으로 꾸려가는 미약한 수준의 혈연적 교회가 난무하고 있다. 교인을 확보하기 어려운 이 시대에 목사 집안은 목사 제사장을 위해 교회를 구성하여, 외형적으로 교회로서 명맥을 간신히 유지하고 있는 사례가 상당할 것으로 예측된다. 또한 써클형 교회가 출현중에 있다. 물론 이혼자 그룹이나 장애인 교회, 이민자 교회와 같은 특수한 상황에 처한 사람들의 필요를 채워주는 교회는 필요하다. 그러나 의사들의 교회, 외국 유학경험이 있는 가족들만 모이는 교회 등은 보편교회로서의 기능을 상실할 가능성이 있다.

그런데 종교과잉의 이면에 '종교없음'이 일어나고 있다. 한편에서는 교회의 기존의 신앙 시스템은 그대로 진행되는 듯하면서, 다른 한편에서는 탈교회 현상이 급속하게 진행되고 있다. 기존의 교회적 신앙 축은 동력을 잃어가고 있고, 그래서 교회 쇠퇴기 혹은 교회 해체기에 접어들었다고 진단하면서 탈교회화 현상이 가속도로 증가하고 있다. 개신교 내부의 한편에서 여전히 기존교회와 구舊 신앙질서에 근거한 종교과잉이 있는가 하면, 다른 한편에서 기존교회와 그 질서로부터 탈피하려는 탈교회·탈신앙 현상이 일어나고 있는 것이다. 이것은 개신교내의 세속화 현상이라고 할 수 있다. 세속화란 원래 교회의 재산이 국가로 넘어가는 것을 의미하는 바, 지금의 개신교 신앙은 교회속의 신앙인으로부터 벗어나 비종교적인 종교인, 다시 말해 종교색을 띠지 않지만 참된 신앙의 길을 추구하는 구도자적 그리스도인이 늘어가고 있다. 지난 날의 개신교 신앙은 축복형 신앙으로 요약되었다면, 오늘의 그리스도인들은 의미형 신앙을 갈구하고 있는 것이다. 종교과잉이 여전하면서 그 틈새에 종교부재의 시대가 도래한 지금 이 시대의 목사직은 무엇을 붙들고 가야 할 것인가? 교회개척 홍수 시대에 새로운 교회개척의 의미가 상실된 이 시대에 다른 한편으로 참된 신앙을 삶으로 살아내는 참된 목사를 찾고 있는 것이다.

III. 목사직, 어디로 가야 할 것인가?

1. 선포 일방적 목사직에서 말과 행위의 일치를 보여주는 수행적 목사직이 요구된다.

이제 개신교 목사들은 말씀 선포에 능한 설교자에서 말씀대로 실천하며 살아가는 수행종교가 되어야 한다. 입술의 설교만으로는 목사들의 말은 신뢰성을 잃어 버린지 오래되었다. 거룩한 삶을 살라고 말만 할 것이 아니라 자신들이 거룩의 종교인이 되고자 힘써야 한다. 주님을 위해 모든 것을 버리고 살라고 설교만 할 것이 아니라 목사 자신이 먼저 주님을 사랑하는 사람으로 살아야 한다. 주님보다 세상을 더 사랑하는 것은 우상숭배라 하면서 자신들은 더 세상을 사랑하거나, 돈을 사랑함이 일만 악의 뿌리라 하면서 자신들은 돈을 좋아한다. 먼저 목사 자신이 신실한 성도로, 제자로 살아가도록 노력해야 한다.

2. 목사직의 이중성을 고민해야 한다.

한국교회는 목사를 구약의 제사장직에 결부시켜왔다.[17] 목사는 제사장이므로 목사직

---

17) 왕대일, "목사로서 제사장, 제사장으로서 목사", 6-14.

만이 거룩하고, 목사의 부르심만이 특별한 부르심으로 간주해 왔다. 목사는 세상직업과 완전히 구별된 특별한 소명직이라 여겨졌기 때문에 목사의 일반적 부르심, 즉 아버지로서 부르심이나, 가장으로서 부르심을 소홀히 여겼던 적이 많았다. 목사로서 부르심만이 있는 것이 아니라 한 가족을 돌보고 책임지는 아버지로서, 남편으로서 부르심도 소중하다. 그러므로 가정을 팽개치고, 자녀양육을 외면하고, 그들을 복음을 위해 죄다 희생을 강요하는 것은 잘못이다. 이러한 잘못된 사고로 인해 아버지가 목사라는 것을 증오하면서 평생 아버지 사랑에 목말라하는 '목사의 아들'과 '목사의 딸'이 탄생하게 된다. 이제 목사의 이중직을 심각하게 고려해야 한다.[18]

3. 배타적 특권의식으로 똘똘 뭉친 성직주의 목사직이 아니라 사회속에서 포용성과 타당성과 시민 상식을 발휘하는 공공성의 목사직이 요구된다.

그동안 개신교 목사들은 왜곡된 성직주의에서 비롯된 배타성과 우월의식, 그리고 수준 이하의 몰이성적 발언 등으로 공적 사회에서 평균 수준의 시민교양을 보여주지 못했다. '빤스' 목사의 저속한 여성 비하 발언, 총회장에서 가스총을 들고 난동을 피우는 교단 총무의 행동, 타종교인이나 교회 비판적 인사에 대한 정죄 발언 등으로 사회적 물의를 일으킨 적이 많았다.

이제 우리 사회에서 목사들은 자신들이 사회의 최고선을 선도하기는커녕, 이 사회에서 불량스러운 인물군의 하나로 전락되고 있음을 인식해야 한다. 목사들은 상담이라는 이름으로, 기도해 준다는 구실로 목양실과 기도실, 그 밖의 비공개적인 공간에서 여신도들과 자유롭게 접촉하지만, 오히려 목사들의 종교활동은 질 나쁜 성추행으로 연결되고 있지 않는가? 더구나 목사들은 너무나 쉽게 '이것이 하나님의 뜻입니다' 라고 말하거나, '하나님이 다 하셨습니다'라고 말하면서 자신의 생각을 하나님

---

18) 김동춘, "목회자의 이중직: 성직주의의 극복인가 필요의 산물인가", 「바른교회아카데미 좋은 저널」, (2014.6),

의 뜻이라고 바꿔치기 하고, 자신의 의도대로 일을 계획하고 추친해 놓고 그것을 하나님께서 하셨다고 말 할 수 있는 사람이 목사들이다. 목사들은 너무나 자주 '하나님께서 확실히 당신을 축복할 것이다'라는 선심성 발언을 남발하면서 교인들에게 사행심을 자극하여 거짓된 믿음과 허황된 사고들을 조장할 우려가 많은 사람들이다. 이제는 목사들에게 상식적이고 보편 타당한 사고를 중시하는 생각의 전환이 요청되고 있다.

4. 목사직의 관리에 있어서 공공성이 요구된다.

목사들은 교회의 재정사용과 교인들과의 관계에서 사적인 방향으로 빠질 위험성이 많은 직종에 속한다. 그러므로 목사들의 행보에 통제적인 시스템이 필요하다. 무엇보다 그들은 설교단에서 하나님의 뜻을 남발할 우려가 많다. 그들의 설교는 보다 더 공론장에서 타당성을 의식하며 발언하도록 해야 한다. 목사들의 교회의 재정사용과 교회에 대한 운영에 있어서 훨씬 더 평시도 그룹의 협조와 동의를 얻어가면서 진행되어야 한다. 무엇보다 목사라고 하여 사회 일반이 요구되는 공적인 책임과 의무사항으로부터 면책특권을 당연시하지 않도록 해야 한다. 종교인 납세를 거부하는 이유라는 것이 목사는 레위 지파에 속하므로 납세를 면제받아야 한다는 시대착오적이며, 우수꽝스러운 논리가 대표적이다. 오늘의 목사들은 사회 일반에서 통용되는 규범과 법적 의무규정을 준수하면서 사회속에서 그 타당성을 잃지 않도록 해야 할 것이다.

나가면서

지금까지 우리는 목사직의 본질과 시대에 따른 인식의 변화에 대해 살펴보았다. 그러나 목사직은 이것보다 더 근본적인 내적인 성찰이 필요하다. 하나님으로부터 소명에 대한 철저한 자기 확인과 그에 따른 준비, 그리고 제도적인 확립 등이 필요한 것이다. 오늘의 목사직의 새로운 쇄신을 위해 목사 개인과 교회 공동체, 그리고 교단, 더 나아가 대안적인 새로운 실험과 시도가 필요한 것이다.

참고도서

김덕영, 『환원근대』, 서울: 길, 2014.
김동춘, "목회자의 이중직: 성직주의의 극복인가 필요의 산물인가", 「바른교회아카데미 좋은 저널」, 2014.6.
양희송, 『가나안 성도 교회 밖 신앙』 서울: 포이에마, 2014.
옥한흠, "교회 성장학", 「신학지남」 41권(1974), 99-102.
왕대일, "목사로서 제사장, 제사장으로서 목사", 바른교회아카데미 자료집, 제17회 바른교회아카데미 연구위원회 세미나 자료집, 2014, 6-14.
이정숙, "목사는 누구인가?-칼빈의 목사직 이해와 실천", 「한국교회사학회지」 제23집(2008), 231-22.
이형기, "칼빈신학에 있어서 목사직과 장로직", 「교회와 신학」 제55호(2003), 24-31.
임택진, "한국교회의 목사직과 장로직 무엇이 문제인가?: 그 현실과 해법", 「교회와 신학」 제55호(2003), 45-46.
최윤식, 『한국교회와 미래 지도 2』 서울: 생명의말씀사, 2015.
Fiorenza, E. S., 『동등자 제자직』 김상분, 황종렬 역, 왜관: 분도, 1997.
Kraemer, H., 『평신도 신학』 홍병룡 역, 서울: 아바서원, 2014.
Stephenson, P., 『참으로 해방된 평신도』 서울: IVP, 1995.
　　- ., 『평신도가 사라진 교회』 서울: IVP, 1997.
　　- ., 『21세기를 위한 평신도 신학』 서울: IVP, 2001.
Whte, J. E., 『종교없음』 서울: 베가북스, 2014.

4장
루터, 왜 만인사제주의를 말했는가?

배덕만

루터, 왜 만인사제주의를 말했나?

배덕만

I. 서론

2017년은 루터의 종교개혁 500주년이 되는 역사적인 해이다. 이를 염두에 두고, 종교개혁의 정신을 회복하려는 교계와 학계의 움직임이 자못 진지하다. 동시에, 교회와 목회자가 연루된 각종 스캔들 때문에 개혁에 대한 강력한 요청이 교회 안팎에서 뜨겁다. 이런 맥락에서, 루터의 종교개혁을 더듬으며 한국교회의 현실을 반성하는 것은 매우 소중한 역사적·종교적 행위임에 틀림없다.

루터의 종교개혁은 1517년 10월 31일, 성 베드로성당 건축을 위한 면죄부 판매에 반대하여 비텐베르크 성城교회 정문에 '95개 논제'를 게시한 것으로 시작되었다. 이후, 루터는 이신칭의 교리를 통해 가톨릭의 구원론에 반대하고 성경을 독일어로 번역하면서, 성경중심의 개신교회를 탄생시켰다. 그의 종교개혁이 이후 역사에 끼친 영향은 측량이 불가능할 정도로 대단했다.

우리가 살펴보는 '만인사제주의'도 루터가 교회와 인류에 남긴 소중한 유산 중 하나다. 루터 자신은 '만인사제주의'universal priesthood/ priesthood of all believers란 말을 직접 사용한 적이 없지만, 이 사상은 종교개혁의 신학적 토대로서 결정적 역할을 했고, 동시에 개신교회의 정체성을 형성하는 결정적 요소가 되었다.

이 만인사제주의는 루터가 1520년에 작성한 논문, 『독일 기독교 귀족에게 고함』 To the Christian Nobility of the German Nation에서 본격적으로 모습을 드러냈다. 그러므로 루터의 이 사상을 이해하기 위해선, 이 논문을 분석하는 것이 정답이다. 이런 분석을 통해, 루터가 교황을 중심으로 한 성직주의에 반대하여 평신도들의 가치를 부각시킨 이유와 주장을 확인할 수 있기 때문이다. 따라서 이 글은 루터의 논문에 대한 분석과 평가로 구성될 것이다.

II. 본론

1. 배경과 반응

(1) 배경

루터는 1519년 말부터 1520년 초까지 성서연구에 몰두하고 있었다. 하지만, 가톨릭교회 진영에서는 요하네스 에크Johannes Eck의 영향 하에, 추기경들이 모여 루터를 파문할 교황의 교서, "주여 분기하소서"Exsurge Domine를 준비하고 있었다. 1520년 5월 말에 이 교서의 윤곽이 드러나고 추기경 회의에서 최종심의가 임박하자, 루터에게 자신의 입장을 취소하도록 종용하라고 프리드리히 선제후에게 최후통첩을 보냈다. 이 통첩이 6월 초에 프리드리히에게 전달되자, 그는 루터와 이 문제를 상의하여 '안전한 장소에서 이 문제를 다루자'고 제안하는 내용의 답변을 8월 초에 교황청에 통보했다. 그런데 상황이 이렇게 진행되는 도중에, 즉 1520년 6월 15일에 그 교황의 교서가 완성되어 공포되었다.

이 교서는 루터의 여러 저서에서 41개의 문장을 뽑아 열거하고, 이 문장들이 반론의 과정 없이 폐기해야 한다고 주장했다. 이것을 소개하거나 확산시키는 사람은 파문이나 교회가 정한 형벌을 받게 된다고 명기했으며, 교회의 주무기관은 이 글들을 즉시 압류해서 공개적으로 소각해야 하고, 루터가 허락 없이 공의회에 이 문제를 호소했기 때문에 그를 이단으로 정죄하기에 충분하다고 선언했다. 루터와 그의 추종자에게 철회할 수 있는 60일간의 기간이 주어졌으며, 이제부터 설교할 수 없게 된 루터는 글로 자신의 입장을 설명하거나 로마에 직접 출두하도록 요구했다. 철회를 거부할 경우, 루터와 그의 추종자들은 완고한 이단으로 그에 준하는 처벌을 받게 되었다. 교황 레오10세는 히에로니무스 알레안더와 교황청 대사 요한네스 에크에게 제국 전체에 이 파문위협교서를 포고하라고 명령했다.

이처럼, 루터의 교리에 대한 교회의 최종적 입장이 결정되었고, 그의 '이단적인' 저서들을 폐기하라는 명령이 내려졌기 때문에, 루터의 사상과 글, 그리고 루터 자신이 큰 위기에 처했다. 이런 상황에서 루터는 1520년 6월 중순에 이 글을 쓰기 시작하여 8월 상순에 출판했으며, 작센 선제후는 에크가 교황에 순종해야 할 그의 의무를 상기시켰을 때조차도 자신의 지역에서 교서의 집행과 공표를 거부했다. 루터는 12월 초에 에크의 작품들과 교회에서 교황 관할권의 기초가 되었던 여러 권의 교회법, 그리고 이 교서를 비텐베르크 문들 앞에서 불태움으로써, 루비콘 강을 건넜다.

(2) 영향

루터가 이 글을 작성할 때, 두 가지 요인이 영향을 끼쳤다. 첫째는 독일귀족들이 작성했던 『독일 민족의 불만들』 1456이었다. 15세기 후반 이후, 제국의 고위 귀족들은 이 글을 통해 시정을 바라는 요구사항들을 교황청에 계속 제출해 왔다. 스페인, 프랑스, 영국이 왕권을 중심으로 국가교회적 발전을 거듭하는 동안, 교황에게 밀려 국가적 이득을 전혀 확보하지 못하고 있던 독일 귀족들은 황제 막시밀리안 1세의 통치 때인 1510년과 1518년에 아우구스부르크 제국의회에서 이 문서를 제출했다. 이

문헌을 통해 제기된 불만은 세 가지였다. 첫째, 교황청이 제국 내의 교회 고위직을 점점 독식하여 의심스러운 사안을 로마에 유익하게 결정한다. 둘째, 여러 가지 이유를 들어 교황청에 점차 더 많은 돈을 치르게 한다. 셋째, 교회의 송사문제를 로마로 이첩하여 그곳에서 납득할 수 없는 방식으로 해결한다. 이런 불만사항이 루터의 논문에 상당부분 반영된 것이다.

또한 루터의 논문이 제기한 개혁 요구는 당시의 인문주의자들이 주장했던 내용과 매우 비슷했다. "비텐베르크 신학자들은 1520년 이전에 이미 인문주의자들과 대화망을 구축하는 것을 중요하게 여겼고, 그 일을 위해 멜란히톤이 중요한 중간 역할을 했다. 이들은 스콜라 신학과 미신적인 형식의 경건과 싸우기 위해 서로 연합해야 한다는 의식이 있었다."[1] 특히, 순례, 하위성직자들의 독신, 수많은 미사, 탁발수도회, 미신적인 성인숭배를 폐지해야 한다는 에라스무스의 요구와 상당부분 일치했다.

(3) 반응

1520년 8월에 4천부를 찍은 이 책의 비텐베르크 초판은 불과 며칠 지나지 않아서 매진되었기에, 루터는 바로 제2판을 준비해야 했다. 이 책은 독일의 다른 도시들에서도 인쇄되어 같은 해에 가장 많이 판매되고 결정적인 영향을 끼친 책이 되었다. 곧이어 스트라스부르의 토마스 무르너와 히에로니무스 엠저가 루터의 이 책에 대해 반박서를 씀으로써, 논쟁과 갈등이 더욱 고조·확산되었다.

2. 구성과 내용

루터의 이 논문은 로마주의자들이 자신들 주위에 세운 세 가지 장벽들을 다루

---

1) 라인하르트 슈바르츠, 『마틴 루터』, 정병식 옮김 (서울: 한국신학연구소, 2007), 158.

는 전반부와 공의회에서 다룰 구체적인 의제들을 다룬 후반부로 나뉜다. 먼저, 루터는 서문에서 이 논문을 자신의 절친한 벗이자 강력한 후원자였던 니콜라스 폰 암스도르프 Nicholas von Amsdorf, 1483-1565[2])에게 헌정하면서, 자신이 이 글을 집필한 일차적 이유를 밝혔다. 루터는 자신이 더 이상 침묵할 수 없으며, 성직자들에게 개혁의지가 없기 때문에, 평신도 중심의 개혁을 추진해야 한다고 선언했다.

> 전도서에 기록되어 있는 바와 같이(3:7) 침묵을 지킬 때는 지나가고 이제는 말할 때가 왔습니다. 이제까지 나는 독일 크리스천 귀족에게 보여주기 위하여 우리 계획에 따라서 그리스도교계의 개선에 관한 몇 가지 문제를 모아보았습니다. 그것은 하나님께서 평신도의 노력을 통하여 그의 교회를 도와주실 것을 바라는 마음에서였습니다. 그 이유는 이 일을 당연히 더 행해야 할 성직자가 전혀 무관심해졌기 때문입니다.[3]

이어서 루터는 로마교도들[4]이 자신들을 방어하기 위해 세 가지 장벽을 세웠는데, "이것이 전 그리스도교계를 통하여 번진 무서운 부패의 원인이 되어 왔다."고 지적하면서, 그 장벽들의 기만성을 조목조목 폭로했다. 루터가 발견한 세 가지 장벽은 다음과 같다. 첫째, 로마교도들은 세속권력에 의하여 억압을 당하면 법령들을 만들어 세속권력은 자신들에 대해 아무런 지배권도 없으며 오히려 영적권력이 세속권력 위에 있다고 주장했다. 둘째, 로마교도들은 성서에 근거하여 책망하려고 하면 자신들은 교황 외에 아무도 성서를 해석할 수 없다고 반발했다. 셋째, 로마교도들은 공의회에 의하여 위협을 받으면 교황 외에 아무도 공의회를 소집할 수 없다고 억지를 부렸다.

---

2) 비텐베르크 대학의 신학교수, 루터의 협조자, 예나대학의 창설자 중 한 명. 감독과 대감독을 지냄.
3) 말틴 루터, 『종교개혁 3대 논문』, 지원용 옮김 (서울: 컨콜디아사, 1993), 17.
4) 루터는 로마주의자들을 교황권을 지나치게 내세우는 사람들을 지칭한다.

먼저, 첫 장벽에 대한 루터의 비판을 직접 들어보자.

교황, 주교들, 사제들 및 승려들을 '영적 계급'이라고 부르고 군주들, 영주들, 직공들 및 농부들을 '세속적 계급'이라고 부르는 것은 전혀 조작적인 것이다. 실로 이것은 순전한 거짓과 위선이다. 아무도 여기에 놀라서는 안 된다. 이것은 말하자면 모든 크리스찬은 참으로 '영적 계급'에 속하며 그들 가운데는 직무상의 차별 이외에 아무 것도 없다...오히려 교황이나 주교가, 기름을 붓고 체발하고 서품을 하고 봉헌례를 하거나 또는 평신도와는 다른 옷을 입는 일은 위선자와 조상(anointed image)들을 만들 것이다. 이런 것은 결코 크리스천이나 '영적인' 인간을 만들지 못한다. 우리는 다 세례를 통하여 사제로서 성별을 받는다.[5]

그리하여 현세적인 관헌들은 우리와 같은 세례로 세례를 받고 또 같은 신앙과 복음을 가지고 있으므로 우리는 그들을 사제와 주교로 인정하여야 하며, 그들의 직무를 그리스도교계에서 특유하고 유용한 것으로 간주하여야 한다. 왜냐하면 세례의 물에서 나오는 사람은 누구나 이미 성별된 사제이고 주교이고 교황이라고 자랑할 수 있기 때문이다...이 모든 것에서 그들이 말하는바 평신도와 사제, 군주와 주교, "영적인 것"과 "세속적인 것" 사이에는 실제로 직무와 일에 관한 차이 이외에 아무 차이도 없다. 그들에게 '신분'에 관한 차이는 전혀 없다. 마치 모든 사제들과 승려들이 똑같은 일을 맡지 않는 것처럼 비록 그들이 다 같은 일에 종사하지는 않으나 그들은 다 동일한 신분을 가지고 있다. 곧 이들은 참 사제들이며 주교들이며 교황들인 것이다. 이것은 위에서 말한 바와 같이 롬12:4이하와 고전12:12 이하에 나오는 사도 바울의 가르침이며, 벧전2:9에 나오는 사도 베드로의 가르침이다. 곧 우리는 다 머리되신 그리스도의 한 몸이며, 다 서로에게 대하여 지체들이다. 그리스도께서는 다른 두 몸 곧, 하나는 "현세적인 것"이며 다른 하나는 "

---

5) 말틴 루터, 『종교개혁 3대 논문』, 23.

영적인 것"을 가지고 계신 것이 아니다. 오직 한 머리와 한 몸이 있을 뿐이다.[6]

이처럼, 루터는 롬12:4, 고전12:12, 벧전2:9 등을 토대로, 평신도와 사제, 군주와 주교, 영적인 것과 세속적인 것의 차이를 근본적으로 부정한다. 그는 모든 그리스도인은 세례, 신앙, 복음을 통해 사제가 되었기 때문에, 직무의 차이는 존재하나 신분의 차이는 없다고 단언했다. 여기에서 독자들은 루터가 주장한 "만인사제직"의 핵심을 발견할 수 있다.

두 번째 장벽에 대해, 루터는 다음과 같이 비판한다.

그들은 우리 가운데 진실한 신앙, 영, 이해, 그리스도의 말씀과 정신을 가진 경건한 크리스챤들이 있다는 것을 고백하지 않으면 안 된다. 그렇다면 왜 우리는 이 사람들의 말과 이해를 거부하고 신앙도 영도 없는 교황을 따라야 하는가? 이것은 모든 신앙과 그리스도의 교회를 부인하는 것이 될 것이다. 더욱이 "하나의 거룩한 그리스도의 교회를 믿습니다."라는 신조의 조항이 옳다면 언제나 바른 것은 교황만이 아니다. 만일 그렇지 않다면 "로마의 교황을 믿습니다."라고 기도함으로써 그리스도의 교회를 한 인간으로 격하시키지 않으면 안 될 것이다. 이러한 것은 악마적이고 흉악한 과오에 지나지 않을 것이다.
더욱이 위에서 말한 바와 같이 우리가 다 사제들이고 다 한 신앙과 한 복음과 한 성례를 가지고 있다면, 왜 신앙문제에 관하여 바르고 그른 것을 시험하고 판단할 권능을 가져서는 안 되는가? 고전2:15에서 "영적인 사람은 모든 것을 판단하나 그 자신은 아무에게도 판단을 받지 않는다."라고 한 바울의 말과 또 고후4:13에서 "우리는 다 신앙의 동일한 영을 가지고 있다"고 한 말은 어떻게 되는가? 그렇다면 왜 우리는 불신적인 교황이 하

---

6) 말틴 루터, 『종교개혁 3대 논문』, 25-6.

는 것처럼 무엇이 신앙에 적합하고 무엇이 적합하지 않은가를 파악해서는 안 되는가? 우리는 이제까지 말해 온 모든 말과 다른 많은 본문에 의하여 대담하게 되고 자유롭게 되어, 바울이 지칭하는바 자유의 영이 교황들의 날조로 인하여 위협을 당하도록 해서는 안 된다. 오히려 우리는 대담하게 앞으로 나아가서 신앙에 근거한 우리의 성서해석에 따라 교황들이 행하거나 행하지 않은 모든 것을 시험하지 않으면 안 된다. 그리고 교황들로 하여금 그들 자신의 해석이 아니라 더 좋은 해석에 따르도록 억지로라도 만들지 않으면 안 된다.[7]

이처럼, 루터는 사제와 평신도를 구분했던 첫 번째 장벽을 공격한 후, 성경해석의 권리에 대한 문제를 다룸으로써, 양자의 본질적 동일성을 보다 구체적으로 입증했다. 즉, 루터는 교회법이나 전통 대신, 성경과 자신의 교회론에 근거해서 교황의 성경해석 독점권을 비판했고, 신앙, 이성, 성경, 성령을 소유한 모든 신자들이 동일한 권리와 능력을 갖고 있으므로, 적극적으로 교회개혁에 나서야한다고 목소리를 높인 것이다.

세 번째 장벽에 대한 루터의 비판은 다음과 같다.

공의회를 소집하거나 결의를 확인하는 것이 홀로 교황에게만 속한다는 그들의 주장에 대해서 성서에는 아무 근거도 없다. 왜냐하면 이것은 다만 그들 자신의 법령에만 근거를 두고 있기 때문이다. 이러한 법령은 그리스도계에 해를 끼치지 않거나 혹은 하나님의 율법에 배치되지 않는 한에만 유효한 것이다. 교황이 징벌을 받아 마땅할 때에는 이러한 법령들이 무효로 돌아간다. 그것은 공의회에 의하여 교황을 벌하지 않는 것이 그리스도교계에 해를 끼치게 되기 때문이다.

---

7) 말틴 루터, 『종교개혁 3대 논문』, 31.

따라서 행15:6을 읽으면 사도회의를 소집한 것이 사도 베드로가 아니라 사도들과 장로들이었다고 한다. 그리고 만일 그 권한이 사도 베드로에게만 속했었다면 그 공의회는 그리스도교적인 공의회가 아니고 이단적인 집단이었을 것이다. 모든 공의회 중에서 가장 유명한 니케아공의회까지도 로마의 주교에 의해서가 아니고 콘스탄틴 황제에 의하여 소집되고 확인되었으며, 콘스탄틴 황제 이후 다른 많은 황제들도 이와 같이 하였으나 이 공의회들은 모든 공의회 중에서 가장 그리스도교적인 것이었다. 그러나 만일 교황만이 공의회들을 소집할 권한을 가지고 있다면 이 모든 공의회들은 이단적인 공의회가 되지 않으면 안 된다. 더욱이 교황이 만들어낸 공의회들을 고찰해 본다면, 그것들이 특별히 중요한 것은 아무 것도 행하지 못한 것을 볼 수 있다.[8]

이처럼, 루터는 교황의 독재를 제어하기 위해 주교들의 공의회 소집을 주장했던 과거의 공의회주의자들처럼, 공의회소집을 요청하면서 평신도들의 공의회 소집권을 주장했다. 그는 교황의 공의회 소집권을 정당화했던 교회법을 성경과 교회사를 통해 부정하면서, 교황이 소집했던 공의회보다 황제에 의해 소집되었던 공의회가 더 기독교적이었다고 역설했다.

이어서, 루터는 공의회에서 논의 할 교황제의 가장 심각한 세 가지 폐해들을 열거했고, 이에 대한 실제적 대안들을 27개로 정리했다. 먼저, 루터는 교황제를 둘러싼 현실적 문제들로, 교황의 세속적 권력과 사치, 제후 대접을 해야 하는 수많은 추기경, 지나치게 많은 직원을 둔 거대한 교황청을 지적했다. 한마디로, 교황제를 둘러싼 조직과 제도가 기형적으로 비대해지면서 이를 운영하기 위해 엄청난 규모의 재정이 필요했고, 결국 이런 경제적 필요가 교회를 부패와 타락으로 이끌었다는 판단이다. 구체적으로, 이런 구조 속에서 교황은 끊임없이 부족한 재정을 충당하기 위해서 기만적

---

8) 말틴 루터, 『종교개혁 3대 논문』, 32-3.

인 제도들을 만들어냈다. 예를 들어, 교황은 독일의 모든 영지로부터 첫 해 세입의 절반을 징수할 목적으로 '첫해 수입세'를 만들었고, 터키인들과 전쟁한다는 명목으로 '사라센 세'를 징수했으며, 거액을 받고 주교직을 매매했다. 뿐만 아니라, 부유하고 수익 많은 수도원이나 교회를 추기경이나 다른 부하에게 위탁하여 관리하게 함으로써, 그 수입을 챙겼던 것이다.

이런 문제의식 하에, 루터는 구체적 개선방안으로, 첫 수입세의 폐지, 로마의 임명에 대한 금지, 개교회의 권리회복, 교황의 법정에서 세속적인 문제를 배제함, 독일교회의 조직, 교황 가족의 축소, 교황에 대한 지나친 숭배 금지, 로마순례 폐지, 탁발 수도회 개혁, 성직자들의 결혼, 죽은 자의 미사 폐지, 성사금지의 폐지, 성자의 날 폐지, 사면권의 확대, 순례 금지, 특권 금지, 거지 생활을 금하고 가난한 자를 돌보는 일, 무용한 미사 금지, 보헤미야 사람들 문제, 대학교 개혁, 교회법 폐지, 세속법 축소 등을 제안했다. 결국, 그가 제안한 방안은 몇 가지 미신과 신학적·제도적 오류에 관한 것도 포함했지만, 절대다수가 교황의 부당한 정치권력과 금전적 탐욕을 통제하려는 것과 관계가 있었다.

III. 글을 마치며: 평가와 적용

루터가 1517년 10월 31일에 비텐베르크 성당 정문에 게시했던 '95개조 논제'는 결코 교회개혁을 촉구하는 성명서가 아니었다. 다만, 성베드로성당의 건축을 위해 판매하던 면죄부의 신학적 왜곡과 그 판매를 가능하게 했던 교황의 권력남용을 비판하면서, 진지한 신학적 토론을 제안했을 뿐이다. 당시에 그는 교황제 자체를 거부하지 않았으며, 사제와 평신도의 차이도 부정하지 않았다. 하지만, 그의 의도와 달리, 그의 반박문이 종교개혁의 뇌관을 건드렸고, 사태가 걷잡을 수 없이 확대되었다. 그런 과정에서, 루터의 관심과 투쟁은 면죄부를 넘어, 교회타락의 원천인 부패한 교황제로 확장되었고, 이것은 다시 "만인사제직"에 대한 깨달음으로 이어졌다.

루터는 '성속이원론, 독단적 성서해석, 공의회 독점' 같은 주장들이 신학적으로 교황의 독재를 정당화하고, 교회의 타락을 가속시켰다고 진단했다. 즉, 교황이 정치적·경제적 권력을 장악하면서 그런 주장들로 정당화하고, 그런 지배구조를 유지하기 위해 고위성직자들과 교황청직원들의 수가 기형적으로 확대되었다. 결국, 교황청은 사치와 타락의 온상으로 변질되었고, 이런 조직과 구조를 지탱하기 위해 막대한 비용이 요구되었으며, 그런 현실적 필요에 따라 면죄부 판매로 상징되는 기만적 제도들이 속출했던 것이다. 결국, 이런 교회의 부패와 타락을 개혁하기 위해서, 루터는 교회법 대신 성경에 근거해서 사제와 평신도의 차이를 부정하는 만인사제직을 주장했고, 독일귀족으로 대표되는 평신도들에게 교회개혁의 책임을 부여했던 것이다.

이런 루터의 비판과 주장은 교회사적으로 대단히 중요하다. 무엇보다, 그는 자신의 주장을 법이나 관행보다 성경에 근거해서 전개했다. 이것은 루터의 종교개혁이 교회사에 전해 준 가장 소중한 선물이다. 교회가 한 사람의 권위가 아니라, 성경의 토대 위에 재구성되었기 때문이다. 또한 루터는 사제와 평신도를 근본적으로 구분했던 전통을 부정함으로써, 교회 내에서 평신도의 가치와 책임을 새롭게 정의했다. 이것은 중세봉건제가 붕괴되고 근대시민사회로 전환하는 결정적 동인이 되었다. 뿐만 아니라, 루터의 교황제 비판은 '주교 없이 교회도 없다'는 키프리아누스의 전통적 교회론 대신, '신자들의 공동체'라는 성경적 교회론을 회복시켰다. 이런 교회론은 교회의 공동체성 및 평신도들의 주체적 참여를 자극하는 결정적 요인이 되었다. 끝으로, 루터는 교황제 부패의 근본원인을 '돈'에서 찾았다. 기형적 하부구조가 상부구조의 왜곡을 초래했다는 것이다. 이것은 교회의 타락이 일차적으로 신학적 왜곡이 아니라, 물질적 탐욕에서 비롯된다는 중요한 통찰을 제공해준 것이다.

하지만, 이런 긍정적 공헌에도 불구하고, 『독일 귀족에 고함』에서 전개된 루터의 사상 속에는 또 다른 모순과 위험도 존재한다. 무엇보다, 루터는 자신의 주장을 교회법이나 전통보다 성경에 근거했다. 원칙적으로 그의 주장은 정당하나, 성경에 대한 해석의 차이를 해결할 방안은 제시하지 않았다. 가톨릭교회와의 싸움에서 유효했던 이 주장이 종교개혁자들 내에서는 전혀 도움이 되지 않았기 때문이다. 후에 성만찬에 대한 해석을 둘러싸고 루터, 츠빙글리, 칼뱅 사이에 심각한 차이가 발생했고, 결국 종교개혁진영이 분열했다는 사실을 기억할 때, '법 대신 성경'이라는 루터의 주장은 현실적 한계를 지닐 수밖에 없다. 둘째, 루터는 공의회 소집권을 교황이 독점하는 것에 반대하면서, 평신도들에 의한 공의회소집을 주장했다. 그러면서 콘스탄티누스의 니케아회의 소집을 역사적 전거로 제시했다. 하지만, 콘스탄티누스의 이런 행위는 교회역사에서 서임권논쟁을 포함한 세속권력과 종교권력의 갈등, 세속권력에 의한 교회지배 및 세속화의 결정적 원인이 되었다. 세속권력의 보호 아래 진행된 루터의 종교개혁 자체가 후에 급격히 보수화되었던 사실도 기억할 필요가 있다. 셋째, 루터는 사제와 평신도의 구분을 철폐했고, 세례 받은 모든 그리스도인들이 사제요, 주교요 교황이라고 선언했다. 하지만, 그 이후 개신교의 역사는 그의 주장을 문자적으로 이해했던 형제교회들과 여전히 사제중심주의를 지향하는 감독교회들로 양분되어 진행되었다. 이것은 만인사제주의를 현실적으로 실천하는 것이 결코 용이하지 않다는 단적인 증거다. 더욱이 평신도들에 대한 적절한 수준의 교육과 관리가 병행되지 않으면, 자칫 만인사제주의는 교회의 하향평준화와 무정부주의를 초래할 위험도 있다. 끝으로, 루터가 교회개혁의 주체세력으로 평신도의 역할과 책임을 강조했지만, 그 평신도의 범주를 독일귀족에 한정했다는 사실도 기억해야 한다. 그가 생각한 "만인"은 진정한 만인이 아니라 소수의 귀족이었던 것이다. 이런 면에서, 루터의 만인사제설을 현대적 의미의 민주주의적 사상이라고 규정하는 것은 정확한 이해가 아니다. 따라서 루터의 만인사제주의를 현재 한국교회에 적용할 때, 우리는 허와 실을 면밀히 검토하며 신중하게 접근해야 할 것이다.

5장
**교회 분쟁,
그 중심에 사제주의가 있다**

김애희

교회 분쟁,
그 중심에 사제주의가 있다
:: 교회분쟁 사례로 본, 사제주의

김애희

개혁의 주체가 아니라 개혁의 대상으로 전락해버린, 오늘의 한국교회에 쇄신이 시급하다는 점에는 이견이 없을 것이다. 언론에서 비중있게 다루는 대형교회의 각종 비리와 추문 의혹이 아니더라도, 교회개혁실천연대로 제보되는 사례들만 살펴봐도 충분히 알 수 있다. 교회 내에 다양한 갈등과 분쟁이 발생하고 있으며, 2000년대에 들어서면서 교회 분쟁은 사회적 문제로 언급될 정도로 급격히 늘어나고 있다. 한국교회는 한국사회의 고도성장의 시기와 맥을 같이 하며, 세계가 주목할 정도로 눈부신 성장을 경험했다. 이러한 물량적 성장의 이면에는 담임목사 1인에 의한 카리스마적인 목회리더십이 자리하고 있으며, 이 불공정한 독점체제를 유지하기 위해 교회세습과 같이 비신앙적인 방식도 서슴지 않게 시도할 수 있었다.

최근 금권선거, 표절 시비, 성추행, 교회 재산 등의 이권을 둘러싼 시비 등 교회 지도자들의 비윤리적인 행실로 인해 교계 안팎에서 지탄을 받고 있다. 또한 독점체제 유지를 위해 순종과 침묵을 강요당했던, 교인들은 합리적 절차에 따라 운영되고 집행과정이 투명해야 한다고 요구하고 있다. 상호간의 고소 고발, 소송전으로 치닫기도 하고, 재산 문제로 비화되기도 한다. 목사와 교인의 자격됨을 사회 법정에 가서 확인받아야 하는 상황까지 빚어질 정도로, 분쟁 양상은 날로 심각해지고 있다. 말 그대로 뼈를 깎는 쇄신이 절실히 필요한 상황임이 분명하지만, 우리를 더욱 절망케 하는 것은 이러한 폐단과 모순이 해결될 기미가 보이지 않는다는 점이다.

1. 교회상담 통계 분석 현황

교회개혁실천연대 이하 개혁연대는 2002년 출범 이래, 한국교회에서 발생하는 다양한 분쟁을 상담해오고 있다. 개별교회나 기관에서 문제가 발생할 경우 이를 내부적으로 풀어갈 합리적인 절차나 규범 체계가 마련되지 않거나, 있다 할지라도 정치적인 이유로 제 기능 발휘가 어렵다. 그렇기에 개혁연대의 활동은 가진 역량과 무관하게 매우 절실한 무엇이었다. 문제가 가진 특수성을 고려하여 합리적인 수습과 해결을 위해 방향을 제시하고, 문제가 발생할 수밖에 없게 하는 구조적 현실을 직시하게 하여, 해결책을 스스로 모색하도록 돕는 역할을 한다.

또한 매년 진행했던 상담 현황에 대한 분석 자료를 발표하여, 교회 분쟁의 경향과 원인 등을 제시하였다. 지난 2003년부터 2011년까지 9년간 방문 및 후속 전화 등을 통해 총 189개 교회 437건의 상담을 진행하였고, 지난 2014년에는 방문 34건, 전화, 인터넷 등을 포함하여 총 131건 상담을 진행하였다.

본 발제에서는 단체 출범 10주년 기념사업의 일환으로, 2012년도에 진행하였던 상담통계조사 결과[1]와 2014년의 상담 분석보고서의 내용을 토대로 논의를 풀어

---

1) 상담통계 자료 전문은 교회개혁실천연대에서 발간한 '10주년 연감보고서'에서 확인할 수 있다.

가고자 한다. 교회 분쟁이 발생하는 과정에서 목회자 중심의 교회 운영 행태와 어떻게 연관관계를 갖는지, 이를 극복하기 위한 실천 과제는 무엇일지 등 살펴볼 것이다.

1) 연도별 상담 건수

연평균 상담건수는 48.5건으로 나타났다. 연도별 상담 건수는 2007년 98건 22.4%, 2008년 93건 21.3%, 2009년 91건 20.8%이 가장 많은 빈도를 보였다. 2003년부터 2006년까지, 그리고 2010년 이후는 각 연도별로 10% 내외의 비율을 차지하는 것으로 나타났다.

구분	N	%
2003	6	1.4
2004	19	4.3
2005	33	7.6
2006	29	6.6
2007	98	22.4
2008	93	21.3
2009	91	20.8
2010	28	6.4
2011	40	9.2
합계	437	100
연평균	48.5건	

〈표〉 연도별 상담 건수(전체 상담건수 기준)

2) 일반적인 특성

① 소속 교단

무응답을 제외한 171개 교회의 소속교단을 살펴보면 예장합동 42개22.2%와 예장통합 41개21.7%가 다수를 차지하고, 다음으로 기타 29개15.3%, 기감 22개11.6%, 예장백석/예장고신/예장대신/예장합신 15명7.9%, 기성 9개4.8%, 기장 7개3.7%로 나타났다.

예장 합동, 예장통합, 기감 등 교세가 상대적으로 큰 교단에 속한 교회에서 교회 문제상담소를 찾아 온 빈도가 상대적으로 많은 것으로 나타났다.

구분	N	%
예장합동	42	24.6
예장통합	41	24.0
예장기타	15	8.8
기감	22	12.9
기침	6	3.5
기성	9	5.3
기장	7	4.1
기타	29	17.0
합계	171	100

〈표 2〉 상담교회 소속교단별 분포

② 지역별 분포

무응답을 제외한 167개 교회의 지역별 분포를 살펴보면 서울 84개 50.3%로 가장 많고, 인천/경기 45개 26.9%, 부산/대구/울산/경상 18개 10.8%, 대전/충청 7개 4.2%, 광주/전라 6개 3.6%, 강원 4개 2.4%, 해외 2개 1.2% 순으로 나타났다. 상대적으로 접근성이 좋은 서울과 수도권 지역 교회들이 여타의 지역보다 많은 분포를 차지하는 것으로 나타났다. 서울과 수도권을 제외한 지방에서는 부산/대구/울산/경상이 가장 많은 것으로 나타났다.

구분	N	%
서울	84	50.3
인천/경기	45	26.9
부산/대구/울산/경상	18	10.8
강원	4	2.4
대전/충청	7	4.2
광주/전라	6	3.6
해외	2	1.2
기타	1	.6
합계	167	100.0

〈표 2〉 상담교회의 지역별 분포

③ 교회 규모

무응답을 제외한 132개 교회의 교회 규모는 100명 이상~500명 미만 51개 38.6%로 가장 많았으며, 100명 미만 31개 23.5%, 1000명 이상 27개 20.5% 순으로 나타났다.

교회규모는 예상과 달리 언론매체에서 교회 문제가 많이 제기되는 1,000명 이상의 대형교회에 편포되지 않고 1000명 미만의 중소형 교회가 더욱 많은 것으로 나타났다. 이는 대형교회에서 발생하는 교회문제는 대부분 교회 차원에서 문제제기하기 힘든 내부적 구조를 가지고 있으며, 문제로 표출된다고 할지라도 이를 해결하기 위해 공공기관, 사회기관, 법조인 등의 법적 제도적 네트워크 등을 활용해 해결하는 비율이 높기 때문에 교회문제상담소를 찾은 비율이 낮은 것이라고 해석할 수 있다. 하지만, 중소형 교회의 경우 교회 문제가 발생했을 때 이를 해결할 다양한 자원과 적당한 방안을 찾기 힘들기 때문에 상대적으로 교회문제상담소를 방문하는 비율이 높은 것이라고 풀이 할 수 있다.

구분	N	%
100명미만	31	23.5
100~500명	51	38.6
500~1000명	23	17.4
1000명이상	27	20.5
합계	132	100.0

〈표 3〉 상담교회의 교회 규모

④ 내담자 교회 내 직분

무응답을 제외한 412건을 분석한 결과 집사가 214명51.9%으로 가장 많고, 장로 99명24.0%, 목회자 60명14.6%, 권사 24명5.8%, 기타 15명3.6% 순으로 나타났다. 내담자의 교회 내 직분은 교회의 리더십목회자/장로/권사보다 평신도안수집사/집사의 경우가 월등히 많은 것으로 나타났다. 이는 상당수의 교회의 불균형적인 리더십 운영과 관련되어 있으며, 교회문제를 제기하는 주체로서 평신도가 상대적으로 많을 수밖에 없는 현실을 반영한 결과라고 볼 수 있다.

구분	N	%
목회자	60	14.6
장로	99	24.0
권사	24	5.8
집사	214	51.9
기타	15	3.6
합계	412	100.0

〈표 4〉 내담자의 교회 내 직분

2. 분쟁 유형과 그에 따른 분석

1) 주요 상담 주제별 분류

상담 주제는 최근 주요한 문제로 부각되고 있는 10개 행정전횡, 재정전횡, 부당한 처리 및 표적설교, 목회자의 성폭행, 교회건축 및 매매, 목회자 자질, 설교 표절 및 이단적 설교, 허위이력 및 청빙문제, 교회법 제정 문의, 기타의 영역으로 분류하고 범주화하였다. 무응답을 제외한 총 상담 사례 433건 가운데 230건 53.1%이 '재정전횡'으로 가장 주요한 상담 문제로 나타났다. 다음으로 행정전횡 165건 38.1%, 부당한 처리 및 표적설교 153건 35.3%, 교회건축 및 매매 98건 22.6%, 허위이력 및 청빙문제 65건 15.0%, 목회자의 성폭행 60건 13.9%, 설교 표절 및 이단적 설교 33건 7.6%, 교회법 제정 상담 13건 3.0%, 기타 79건 18.2%의 순으로 나타났다.

구분	N	%
행정전횡	165	38.1
재정전횡	230	53.1
부당한 치리 및 표적설교	153	35.3
목회자의 성폭력	60	13.9
교회건축 및 매매	98	22.6
설교 표절 및 이단적 설교	33	7.6
허위 이력 및 청빙문제	65	15.0
교회법 상담	13	3.0
기타	79	18.2
합계	896	206.9

〈표 5〉 주요 상담 주제(복수응답, N=433)

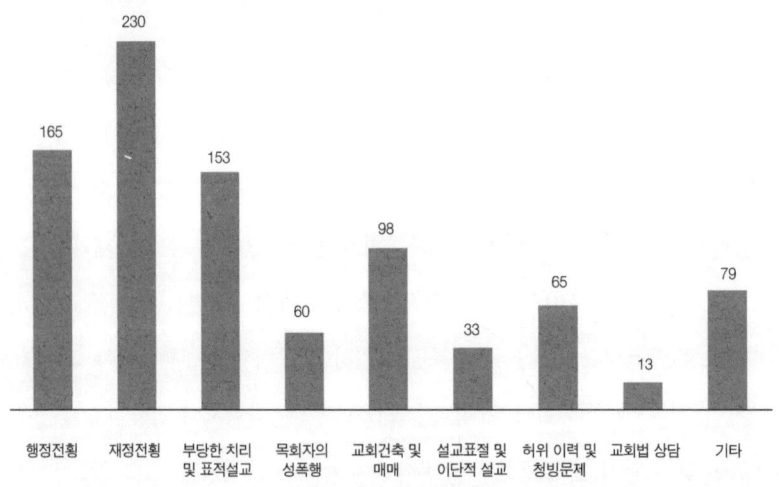

〈그림〉 상담 주요 주제(복수응답, N=433)

○ 교회 분쟁의 중심에는 대부분 '담임목사'가 있다.

교회 분쟁은 대부분 담임목사의 일방적인 전횡이나 담임목사의 윤리적인 문제로 인해 발생하는 경우가 많다. 이는 분쟁의 직접적인 원인이 되거나, 과정에서 파생된 문제를 주제별로 분류한 항목을 보면 알 수 있다.

교회나 기관의 재정관련 문제가 230건53.1%으로 가장 많은 상담의 주제였다. 재정이 불투명한 경우나, 재정 배임 혹은 횡령의 혐의가 있는 경우 등 재정과 관련된 문제가 교회분쟁이 일어나는 직접적인 원인임을 알 수 있다. 또한 '담임목사에 의한 독단적 운영', '교회 세습 및 목회자 청빙 관련 문제', '담임목사의 성문제', '목회자 윤리' 등 상담 주제 대부분이 담임목사 지도력의 실패와 관련되어 있었다. 한국 교회는 목회자에게 과도하게 권력을 집중시켰고, 교단 헌법에 보장된 당회 중심의 인사권과 재정 행정권[2] 독점 행사를 통해, 평신도는 수동적 존재로 전락하고 목회자와 평신도, 안수받은 자와 안수받지 않은 자 사이에 견고한 위계질서가 형성되었다. 그 경계를 절대화하거나 교리화할수록 배타적이고 권위적인 독재로 고착된다. 견제받지 않는 권력은 반드시 독선으로 빠질 수밖에 없다. 이만열 교수가 진단하였듯이, 일부 권위적인 지도자들이 축도를 남발하는 것은 영적 권한을 자신만이 가지고 있다는 믿음에 근거한다.

---

2) "우리나라는 입법·사법·행정 3권이 분립돼 있습니다. 그렇게 보면 우리나라 장로교회는 권력 분립이 되어 있지 않은 시스템인 것 같네요. 제가 보니, 권력 분립이 안 돼 있는 구조가 오랫동안 지속돼 왔기 때문에 이렇게 진행해도 괜찮다는 입장과, 이 구조가 잘못됐다는 입장이 대립하는 것 같습니다. 안타깝네요." 최근 사랑의교회 MBC PD수첩을 상대로 제기한 손해배상 재판 중, 판사가 한국교회의 구조적 모순에 대해 언급한 내용 일부이다.

○ 은폐된 폭력, 목회자에 의한 성범죄

　주제별 통계에서 확인할 수 있듯, 목회자에 의한 성폭력 문제 역시 적지 않은 비율로 접수되고 있다. 최근에도 목회자에 의해 수년간 지속된 성폭력 피해 사실을 공개하고 법적 절차를 밟고 있는 모 교회 성도를 상담, 지원하고 있다. 성폭력 사건의 특성상, 은폐된 공간에서 발생된 피해 사실을 당사자 스스로 입증해야 하며, 잘못된 성인식과 통념으로 인한 2차적 피해를 감내해야 했다. 많은 이들이 '피해자는 수년간 피해사실을 알리지 않았나?', '왜 저항하지 않았는지'에 대해 의문을 가진다. 이에 대해 한국여성의전화 이화영 소장은 '가해자와 피해자가 가까울수록, 피해자가 가해자에 대한 신뢰가 강한 관계일수록, 가해자가 피해자보다 권력을 가진 사람일수록, 성폭력이 발생할 때 피해자의 적극적인 저항을 기대하기 어렵다'고 설명한다. 특히 피해자는 문제 해결을 위해 자신의 피해를 알리는 과정이 오히려 교회나 하나님에게 누가 될까 염려하여, 피해 경험을 쉽게 말하지 못하고 교회를 떠나는 방식으로 가해자와의 단절을 선택한다.

　교회 내 성폭력은 '아버지와 같은' 목회자에 대한 '자식과 같은' 신도의 절대적 신뢰와 친밀성을 기반으로 자행되며, 여성과 남성, 평신도와 목회자 등과 같이 특정 직책이나 역할이 과도하게 신격화되고 위계화된 집단에서 발생될 가능성이 크다.

○ 만연된 해악, 교회 세습

　양희송 대표는 교회 세습을 '성직주의'와 '성장주의' 두 가지가 공모한 현상의 대표적 사례로 들었다. 교회세습반대운동연대에 조사한 바에 따르면, 세습을 강행한 54개 교회들2013년기준 중 절반에 해당하는 27개 교회의 담임목사가 교단 총회장, 감리교 감독, 한기총 총회장 출신이었다. 그 중 대부분이 교회를 개척했거나 30년 이상을 목회하였다. 지금의 성장에 목사 자신의 기여가 크다고 인식하기 때문에 안정적 목회기반을 자식에게 물려주는 것은 당연한 일이 된다.

교회세습반대운동연대에서 연구 발표한 '교회세습 여론 인식연구'에 따르면, 목회관련자들의 경우는 84.7%가 교회 세습에 반대했으며, 일반인들의 경우도 61.6%가 반대한다고 답했다. 목회관련자들의 경우 명확하게 이 문제에 대해서는 반대의 의견을 나타내고 있다고 볼 수 있다. 또한 세습 문제가 한국교회에 영향을 끼칠 것이라고 답한 목회자들은 89%에 달했고, 일반인도 78.6%에 달했다. 교단 안에서 교회세습방지법 과 같이 제도적으로 세습을 제한하는 노력이 시도될 정도로, 교회 세습이 사제 중심의 권력 독점체제와 관련되어 있음을 자각하고 경계하고 있다.

○ 평신도들의 문제의식 증대

상담 내담자들은 대부분 교회 내 의사결정구조에 참여할 수 있는 자격을 갖춘 장로 혹은 안수집사들이었다. 그러나 많은 경우 당회 및 제직회가 의사 결정과 같은 최소한의 기능 조차 발휘하지 못했다고 증언하고 있다. 대부분의 내담자들은 제직회나 공동의회 등과 같이 공식적인 채널을 통해 의견을 개진하고 그에 따른 합당한 논의를 기대하였으나, 담임목사나 당회가 무성의하고 일방적인 태도로 일관하거나, 오히려 설명을 요구하는 교인들을 마녀사냥식으로 징계하면서 사태의 심각성을 체감했다고 한다. 지난 1년 간 상담했던 사례 중, 언론 보도된 교회는 7개 교회로 전체의 1/3에 달하는 규모. 이는 상담소가 직접 언론사에 제보하지 않았더라도 당사자들이 적극적으로 보도 요청을 하거나, 분쟁이 격화되어 자연스럽게 외부에 알려졌기 때문이다. 더불어 당회원이 아닌 권사와 청년 등 평신도들에 의한 상담도 적지 않게 늘고 있다. 한국교회의 구조적 부실 상황에서 실망과 환멸을 느끼는 평신도들이 늘어가고 있음을 확인할 수 있다.

○ 목회자 그룹 내의 내부 고발 현상

최근 수년 사이, 목회자들의 상담이 증가하고 있다. 개 교회 문제뿐만 아니라 교단 내부 비리로 개혁 대상이 확대되고, 목회자 처우와 관련한 상담이 이어지면서, 목회자 그룹 내에서도 제보가 이어졌다. 후임목사로의 교체과정에서 갈등이 생기거나, 교단 총회 임원의 전횡과 비리로 몸살을 앓고 있는 사례 또한 접수되었다. 같은 목회자 그룹 내에서 내부 고발을 꺼리는 것이 일반적인 정서이긴 하지만, 피해규모가 막대하고 피해 상황이 이미 수년간 지속되어 오는 등 개혁이 시급히 요청되는 상황이라 지원을 요청한 것으로 보인다. 또한 위상의 강화나 선교 등 대외적 이미지보다 더 본질적인 문제를 해결해야 한다는 고민이 반영되는 것이라고 볼 수 있다. 이를 단순히 특정 사례로 보거나 개인 간의 이해 충돌 문제로 국한시키지 않고, 한국교회 내에 구조적인 문제의 실상이 드러난 것으로 봐야 한다. 목회자 집단 내에 서열 격차가 심화되며, 총회 임원에 의해 총회 운영이 전횡되고, 야합에 의해 교단 내 정치 질서가 훼손이 되더라도 책임을 강제할 수 없는 현실에 대한 내부적인 불만이 격화되는 것으로 이해될 수 있다.

○ 교회 분쟁이 사법적 조치로 이어지는 경우가 늘어

상담 초기부터 직무정지가처분이나 공동의회결의무효소송, 업무상 횡령 및 배임에 관한 형사 고소, 고발 등 다양한 주제로 소송을 염두, 준비하거나 이미 진행하는 사례가 많았다. 내담자들이 처음부터 사회법 고소, 고발을 선택한 것은 아니다. 교회 측에 해명과 개선을 요구하다가 개선이 되지 않고 오히려 교회 내부의 불순세력으로 매도되거나, 교단 재판에 호소하였으나 공정한 판결을 신뢰할 수 없다고 판단하면서 사회법정을 선택하게 된다. 또한 전문성이 전무한 목회자 집단이 다수 재판위원으로 참여하고, 특정 기관의 결의에 의해 의사결정이 독점될 뿐 아니라 교단 재판에 대한 불신이 앞으로 더 깊어져갈 것을 감안할 때, 향후 사회법에 호소하는 사례는 계속해서 늘어날 것으로 보인다.

물론 교회 내부에서 자체적으로 교회 분쟁이 해결되어야 함은 재론의 여지없이 마땅하다. 다만 교회 내에서 자정능력과 해결능력이 제대로 작동된다는 점이 전제된다. 해결시스템이 미비하고, 중재 노력이 작동되지 않는 현실에서 사회법정에 호소하는 행위 자체를 문제시하는 것은 실효적이지 않다. 교단 내부적으로는 분쟁 해결의 시스템을 전문화하고, 권위를 회복하기 위한 총체적 노력이 시급하다.

동시에 교인들 역시 사회법정을 통해 문제 해결이 만능이 아님을 인식해야 할 것이다. 광성교회는 2004년 교회를 개척하고 부흥시킨 원로목사와 원로목사에 의해 후임목사로 발탁되어 온 담임목사간의 갈등에서 촉발되어, 원로목사측 지지교인과 후임목사측 지지교인들로 나눠져 양측간에 용역을 동원한 폭력 행사, 쌍방 고소 고발에 따른 소송전으로 치달으며 한국교회 역사상 가장 극단적인 분쟁 사례로 회자되고 있다. 교회재산을 차지하기 위한 소송전은 현재까지 장기화되면서, 지난 10년간 주고받은 소송만 50여 건에 달한다.[3] 극단적인 대립 상황이 장기화되면서, 화해나 조정과 같은 평화적인 결과를 기대하기는 어려워진다.

최근 분쟁 교회 사이에서 '해결사' 노릇을 자청하는 브로커들이 난립하는 현상을 자주 목격하고 있다. 이들은 교회 정치에 대한 이해가 부족한 교인들에게 접근하여, '교회법 전문가'로 행세하고, 각종 야합과 획책을 통해 교단 정치에 개입하며 이득을 취하는 등 혼란을 야기하고 있다. 교회분쟁으로 심각한 고통을 겪고 있는 교회와 교인들에게 치명적인 해악을 끼치고 있는 이들에 대한 주의와 제재는 반드시 필

---

3) 제1회 기독화해중재원 포럼에서 발표된 한국교회법학회 서현제 교수의 논문을 인용.

요하다.

3. 모색가능한 실천방안

마지막으로 사제주의 병폐를 개선하기 위한 실천 가능한 대안을 제안해본다.

○ 모범정관 채택을 통한 제도적 노력

상담 주제 중 재정 운영과 관련한 상담 건수의 비중이 적지 않다. 재정 운영과정에서 발생한 의혹이 교회 분쟁의 결정적인 계기가 되기 때문이다. 또한 재정 운영의 투명성, 건전성에 대한 교인들의 기대와 요구가 높아지고 있다는 점을 반증하기도 한다. 공동의회나 제직회를 통해 집행과정이 투명하게 설명되기를 바라는 교인들의 요구와 기대가 늘고 있다.

그에 반해, 재정횡령이나 목회세습 등의 문제로 한국교회의 안과 밖에서 물의를 일으킨 몇몇 교회들을 중심으로 십일조로 교인의 자격을 강제하거나, 교인들의 재정열람을 제한하는 방식으로 정관을 개악하는 사례도 늘고 있다. 행정적 편의나 불필요한 분쟁 소지를 방지하기 위한 명목에서 제한 규정을 신설했다고 하지만, 이는 교회의 건강성을 훼손하는 행위이다. '공동의회' 라는 교회 체계와 질서를 무력화하고, 교회 내 권위주의를 강화하는 방식으로 기능할 가능성이 크다. 교회 안에 전횡을 막고 직분 임기제와 투명한 운영 체계를 마련하기 위한 차원에서 민주적인 정관을 도입, 제정하는 것이 급선무이다.

○ 교인들의 주체적 참여와 성숙 도모

정관을 통해 민주적 제도를 정착시키고 있다고 해도 그것이 곧 민주적이고 평등한 소통을 보장하는 것은 아니다. 권력의 분산과 견제, 대의제를 통한 의사결정, 정관을 통한 운영 등의 제도적인 노력은 꾸준히 분투하는 과정에서 더딘 속도로 실현될 것이다. 보다 본질적인 실현은 평등성의 가치를 존중하고, 기존 지도집단 대신 책임과 의무를 즐거이 수행할 수 있는 평신도 주체들의 역량을 강화하는데, 그 가능성이 있다.

향린교회, 새길교회 등을 비롯한 진보적 교회 단위에서는 목사만의 고유한 권한으로 취급되었던 세례, 축도, 설교 등을 평신도에게 개방하는 획기적인 제도를 실험하고 있다. 세례를 주는 주체를 공동체 전체로 확대하고, 축도도 교인 모두가 공동으로 베풀게 한다. 2013년에 분가한 섬돌향린교회는 가부장적 교회 구조를 해체하여 새롭게 구성하기 위한 방안으로 직분제를 해체하여 굳어버린 질서와 권위 대신, 교우들의 직접적인 목회 참여를 시도하였고, 어린이, 청소년, 성인이 함께 주일 예배를 드리며, 어린이와 함께 하는 하늘뜻펴기를 매주일 교인들이 돌아가면서 맡고 있다.[4]

○ **지도력에 대한 인식 전환: 나눔의 지도력으로**

우리는 우선 지도력에 대한 이해부터 새롭게 인식해야 한다. 우리가 경험해왔던 지도력은 가부장적 교회 질서에 근거해왔으며, 권력을 행사하는 것으로 이해해온 것은 아닌지 질문해야 한다. 그 힘과 권력은 직무 수행을 위해 공동체로부터 위임받은 것이며, 어느 누가 일방적으로 소유하는 고정된 것이 아니다. 상호 대등한 관계 속에서 역동적으로 전유되는 것이며, 공동체를 세우고 격려하고 치유하는 힘으로 해석해야하는 것이 옳다. 그런 의미에서 우리는 도르테 죌레Dorothee Sölle가 했던 '나누어지

---

4) 교회개혁실천연대에서 주관한 2015년 1월 31일자, 열린포럼 '성 평등한 교회를 향하여' 당시 섬돌향린교회 임보라 목사의 발제문 인용

는 힘만이 선한 힘이다. 진정한 힘은 한 사람에 의해 소유되는 것이 아니다'는 명제의 가치를 신뢰할 수 있다. 그와 함께, 목회자는 교회 현장에서 자신과 교인들과의 사이에 있는 '힘의 차이'를 인식해야 한다. 차이가 가져올 파장을 인식하지 못할 때, 그 힘을 남용할 수 있다. 미국북장로교회 헌법에서는 교역장로(말씀과 성례전의 목사라고도 칭함)의 역할에 대해 '그들은 항상 그리스도의 정신을 분별하고, 헌신과 토론, 의사결정을 통해 그리스도의 몸을 세워가는 일에 힘쓰면서 다스리는 책임에 참여해야 한다'고 규정하고 있다. 한 번의 위임으로 평생 일터를 보장받은 목회자가 동반자로 교인을 인식하고 토론하는 과정은 소모적으로 인식될 터이다. 목회자 스스로 특권의식을 내려놓아야 절대주이신 하나님 앞에서 온전히 설 수 있으며 평신도들과도 더욱 수평적이고 친밀한 관계로 만날 수 있다.

민주주의의 가치는 결과에 있는 것이 아니라 과정에 있다. 효율이라는 허상의 가치에 매몰되지 않고, 목회자와 평신도 모두가 '소란스러운 연대'를 일상적으로 경험할 수 있는 장이 교회여야 한다. 교회는 민주주의의 가치를 실현할 평신도의 주체성과 참여를 이끌어내기 위한 다양한 노력을 기울여야 한다. 목사 개인의 역량과 지도력에 의지하여, 교회 시스템을 유지하는 경향에 대해 근원적으로 반성하는 것과 함께, 평등한 분배를 전제한 돌봄의 공동체 실현을 위해 애쓰는 일 또한 중요하다. 오늘의 작은 질문이 변혁적 실천으로 이어지길 간절히 희망한다.

저자 프로필(실린 순서)

조석민
- 합동신학대학원대학교(M.Div.)
- 영국 글로스터셔 대학교(B.A.)
- 영국 Trinity Theological College(ADPS)
- 영국 브리스톨 대학교(M.A., Ph.D.)
- 현)에스라성경대학원대학교 신약학교수
- 현)교회개혁실천연대 전문위원

김동춘
- 총신대학교 신학대학원 (M.Div.)
- 독일 하이델베르크대학교 디아코니아학연구소
- 독일 하이델베르크대학교 (Dr.theol.)
- 현)국제신학대학원대학교 조직신학 교수
- 현)현대기독연구원 대표

김근주
- 장로회신학대학교 신학대학원 (M.Div., Th.M.)
- 영국 옥스퍼드대학교 (D.Phil.)
- 현)기독연구원느헤미야 전임연구위원
- 현)희년함께 지도위원

배덕만
- 서울신학대학교 신학대학원 (M.Div.)
- 미국 예일대학교 (S.T.M.)
- 미국 드류대학교 (Ph.D.)
- 현)건신대학원대학교 교회사 교수
- 현)주사랑교회 담임목사

김애희
- 교회개혁실천연대 사무국장